MW01102056

Guía Para Principiantes Para Meditar Y Reducir Estrés

(Reducir El Estrés Y La Depresión)

Yuri Mesa

Publicado Por Daniel Heath

© **Yuri Mesa**

Todos los derechos reservados

Meditación: Guía Para Principiantes Para Meditar Y Reducir Estrés (Reducir El Estrés Y La Depresión)

ISBN 978-1-989808-54-2

TABLA DE CONTENIDO

Parte 1

Introducción

Bienvenido a esta guía de meditación para principiantes.El objetivo de este libro es darle el conocimiento y la comprensión de la meditación y de cómo hacerla.Este libro le explicará las muchas razones por las cuales debería iniciarse en la meditación y los efectos positivos que obtendrá si lo hace, con la esperanza de que de alguna forma la haga parte de su vida.

Este libro va a darle una mirada a las diferentes prácticas y ventajas de la meditación.Llevar a cabo esta práctica durante solo 10 minutos al día puede cambiar completamente su vida.Así que, no importa qué forma de meditación escoja practicar de las que explica este libro, esta será su preferencia personal y de seguro lo va a beneficiar.

Cuando practique la meditación en forma regular, pueden ocurrir cambios permanentes.Con la práctica regular de la meditación podrá ver cómo su vida cambia completamente, para mejor.

En este libro, va a ver muchos estilos diferentes de meditación.Debe escoger el que se adapte más a su personalidad, a su vida y a sus metas.Solo usted sabrá qué práctica de meditación le conviene más.Sin embargo, si usted quiere, talvez puedepracticar dos tipos de meditación.La clave es probarlas algún tiempo y experimentar.

Usted puede estar comenzando a meditar sabiendo lo que busca.Algunos de ustedes estarán buscando incorporar la meditación a su vida diaria por alguna razón específica. Por ejemplo, usted puede querer traer más paz y estabilidad a su vida. Esta es una meta que vale la pena.

Otra razón corriente para elegir meditar es usarla como una forma de eliminar cualquier ansiedad, ya que puede ser una gran fuente de alivio del estrés. Puede reducir considerablemente el estrés y la ansiedad o eliminarlos completamente. Esto es porque la meditación lo calma, lo centra y reduce su presión arterial. En este libro encontrará algunas grandes ideas, consejos y prácticas que le ayudarán en este sentido.

Otra razón general por la que puede elegir

usar la meditación es paratraer más felicidad a sí mismo y a su vida. La meditación puede aumentar sus niveles de felicidad y por lo tanto hacer mucho más plena toda su vida en general. ¡Los resultados que puede obtener de la meditación son sorprendentes!

Los resultados han demostrado que estas prácticas de meditaciónproducen con el tiempo aumento en experiencias diarias de emociones positivas, lo que a su vez lleva a aumento en la producción de una amplia gama de recursos personales (por ejemplo, mayor consciencia, propósito en la vida, apoyo social y reducción de síntomas de enfermedades). A su vez, los incrementos de recursos personales que se producen conducen a una mayor satisfacción de vida y a la reducciónde síntomas depresivos. Estas son algunas de las razones por las que verá cómo, cuando medita en forma regular,aumenta su felicidaden forma tan considerable:

- La meditación regular hará que se sienta menos estresado
- La meditación regular hará que se

preocupe menos

- La meditación regular hará que se sienta menos ansioso
- La meditación regular le permitirá controlar sus pensamientos
- La meditación regular le permitirá estar más en control de sus emociones
- La meditación regular reducirá significativamente las emociones y pensamientos negativos
- La meditación regular traerá beneficios para su salud mental
- La meditación regular traerá beneficios para su salud psicológica
- La meditación regular traerá beneficios a su bienestar general
- La meditación regular puede realmente volver a "cablear" su cerebro, permitiéndoleque trabajecon más optimismo y con más éxito.

Fíjeseque hemos dicho "meditación regular"y esa es la clave. Para obtener los mejores beneficios y para obtener el máximo provecho de la meditación, querrá traerla en forma regular a su vida. La frecuencia ideal para meditar es una vez al día. Al meditar diariamente sentirá que su vida cambia para mejor. Se sentirá mucho mejor y la vida se le hará mucho más fácil.

Si no puede meditar al menos una vez al día durante diez minutos, trate de hacerlo cada dos días.Dedíquele algo de tiempo cada dos días, de 10 a 20 minutos y medite con su método preferido de meditación.En general diríamos que debería meditar durante 10 minutos todos los días.Sin embargo, si no puede hacerlo, y elige hacerlo cada dos días, entonces pruebe y trate de hacer su sesión de meditación el doble de larga – para un total de 20 minutos.De esa manera estará cosechando los beneficios completos de la meditación.

Se recomienda muchísimo no dejar pasar más de dos días entre sesiones de meditación.Esto es porque entonces no obtendría los beneficios completos de la meditación, que es lo que está buscando.

La felicidad que le trae la meditación es algo que buscaremos en este libro.Verá cómo la meditación puede traerle y de hecho le traerá felicidad a su vida.Esto será al final del libro, ya que terminaremos el libro con una nota de optimismo.También lo motivará e inspirará a comenzar a meditar o lo inspirará a meditar aún más.

Antes de hacer esto, miremos la historia que hay tras la meditación.Es una corta lección de historia sobre los orígenes de la meditación, cómo empezó y cómo llegó a darse.

La meditación es una práctica antigua que ha existido por más de mil años.La historia de la meditación se remonta a muchos años antes de Cristo.

La primera referencia a la meditación viene de textos históricos.Estos textos históricos vienen de la religión hindú, del Vedantismo.Se preguntará ¿qué es el Vedantismo?Para quienes no lo saben, el Vedantismo se relaciona con la practica hinduista del Vedanta, que es una práctica espiritual de la religión hindú.

El término "Vedanta" significa "conclusión".La escuela de pensamiento Vedanta tiene muchas creencias y prácticas, incluyendo la de llegar a la *conclusión* de nuestra alma.Para el Vedanta la conclusión del alma es terminar con las reencarnaciones.Por lo tanto, uno de los objetivos principales de esta escuela de pensamiento filosófico es poner fin a las reencarnaciones.

La práctica de la meditación busca iluminar a la persona y a su alma, para que progresen más allá de las reencarnaciones.Esta práctica se remonta a por lo menos los años 6 a 7 a.C.Se confirma esta fecha con evidencias históricas: textos.Sin embargo, es posible que la meditación Vedanta se haya practicado antes de esa fecha.

Esto nos da una idea de los orígenes de la meditación a partir de la práctica religiosa y espiritual del hinduismo. No nos da realmente una idea de cuándo comenzó la meditación budista.De hecho, un tema candente en el debate entre historiadores y teólogos es cuándo exactamente comenzó la meditación budista.No sabemos exactamente cuándo comenzó la meditación budista.Y no hay acuerdo en los campos de la teología y de la historia en cuanto a la fecha exacta.Lo que podemos decir es que la meditación budista comenzó antes de Cristo.En algún momento antes de Cristo.

Los historiadores y teólogos colocan la fecha de nacimiento del Buda entre 490 y 410 a.C.Esto nos indica que la meditación budista comenzó en algún lugar alrededor de este período de tiempo, o un poco antes.

Lo que podemos concluir es que no sabemos con certeza cuando la meditación se convirtió en una práctica espiritual y religiosa.Pero probablemente fue una práctica que comenzó algunos cientos de años antes de Cristo.También hay algo más que nos pueden enseñar los primeros resultados acerca de la meditación y es que al parecer comenzó como una práctica espiritual y religiosa.

Sin embargo, no hay ninguna evidencia que sugiera que así comenzó.Puesto que no sabemos cuándo comenzó exactamente la meditación ni quién la comenzó, podría haber tenido principios seculares no religiosos.La meditación podría haber tenido raíces seculares.Sin embargo, parece poco probable.Puesto que la única evidencia que tenemos sobre la meditación son estas rutas históricas.

Dado que la meditación es a menudo vista como una práctica espiritual y religiosa, que está específicamente vinculada a las religiones como el hinduismo y el budismo, ¿significa eso que tienes que ser espiritual?¿O religioso?¿O incluso que es necesario ser seguidor del hinduismo o del budismo para obtener todos los beneficios de la meditación?Definitivamente no.

No tiene que ser religioso, espiritual ni seguidor del hinduismo o del budismo para practicar la meditación y buscar sus beneficios. Cualquier persona puede practicar el arte de la meditación, no importa cuáles sean sus creencias espirituales o religiosas. Todos son bienvenidos. De hecho, en los últimos años tanto la ciencia como la comunidad médica han comenzaron a reconocer los beneficios de la meditación.

En el primer capítulo de este libro revisaremos la ciencia detrás de la meditación. Le mostraremos cuáles son sus beneficios científicos. Se ha demostrado que estos mejoran la mente, el cuerpo, el estilo de vida y hasta la edad que aparentan las personas. Se obtienen muchos beneficios de la meditación, que analizaremos con más profundidad, para que pueda obtener una mejor comprensión de la práctica de la meditación yde los beneficios diarios que puede traer a su vida.

Antes de empezar a tratar en nuestro primer capítulo sobre los beneficios diarios de la meditación y de la ciencia tras la meditación, debe saber que no hay una forma única de meditar. Debe saber que hay muchas formas de hacerlo. Hay diferentes estilos y prácticas de meditación como la meditación Zen y la meditación con consciencia plena.

En capítulos separados veremos todos estos estilos de meditación. También cubriremos otros estilos de meditación, ya que hay muchos más de los que he mencionado.

Si es nuevo en la meditación, o incluso si es un veterano, puede hacer lo siguiente que hará que su experiencia de meditación sea mejor y más enriquecedora. ¿Qué es esto? Pues abrir su mente y aprender sobre las diferentes variantes de la meditación. Este libro le ayudará a ello. Le ayudará a entender y a explorar una amplia variedad de diferentes estilos de meditación. Esto puede ayudarle a encajarlos en su estilo de vida e incluso en su personalidad.

Cuando nos iniciamos en la meditación, sobre todo por primera vez, a menudo podemos limitarnos, pensando que la meditación es un tipo de actividad donde se debe seguir siempre el mismo estilo. Esto no es cierto.En la meditación no se sigue siempre el mismo estilo. Para cada tipo de meditación hay muchos estilos y prácticas diferentes.No permita que esto lo desanime.Los diferentes tipos de meditación que aprenderá en este libro son divertidos y gratificantes de aprender.

La meditación no necesariamente tiene que hacerse sentado en posición de loto.Esta posición es la imagen típica que las personas tienen de la meditación.Aunque esta es una muy buena posición para meditar, no necesariamente es la correcta para todas las personas.

Algunas personasfísicamente no pueden sentarse en posición de loto.Sea porque no tienen la flexibilidad, tienen una incapacidad física o edad avanzada, y por lo tanto la posición de loto para meditar no sería conveniente para ellos.Esto no quiere decir que su meditación sea menos eficaz porque la estén practicando en otra posición.Se puede hacer y será igualmente efectiva.

Lo más importante acerca de la meditación no es necesariamente lo que hagamos físicamente con nuestros cuerpos, sino lo que hagamos con nuestras mentes.Es dentro de nuestra mente que conseguimos los mejores beneficios de la meditación.Puede haber muchos y diferentes estilos de meditación, que tienen diferentes formas de usarla y practicarla, y que tienen también diferentes posiciones físicas.Pero a lo que se resume cada forma de la práctica de la meditación es al control de la mente para lograr beneficios positivos.

La meditación le dará a quien la practica muchos beneficiosvaliosos.Lo que puede decirse con certeza es que practicar la meditación en forma regular es una búsqueda que vale la pena.Es una búsqueda que le traerá muchos beneficios a su vida.Muchos beneficios para su salud física y mental.Y lo mejorará en general en muchos sentidos.

Como principiante en la meditación, debería entusiasmarse con la aventura de aprender más acerca de esta práctica.También debería estar sintiéndose optimista sobre los cambios positivos que traerá a su vida.

Por lo tanto, comencemos a trabajar en el primer capítulo.En este primer capítulo se verán los aspectos positivos de la meditación.

Esperamos que usted conseguirá lo mejor de este libro.¡Puede traerle muchos beneficios a su vida!

Capítulo Uno: Los Beneficios de la Meditación

Hay muchos beneficios de practicar la meditación.Pronto vamos a explicar los muchos beneficios que puede recibir de ella.Primero, sin embargo, vamos a decirle que no hay solo un beneficio lo que se obtiene de la práctica de la meditación, sino que más bien hay muchos.Antes de llegar a ellos debemos tan solodecirle que para obtener todos los beneficios de la meditación no es suficiente con hacerla una sola vez o hacerla esporádicamente.

En otras palabras, meditar solamente una vez o en forma no consistente no lo beneficiará mucho.Puede beneficiarlo a corto plazo.Será como cuando usted tiene un buen día y se siente feliz.Se sentirá muy bien ese día, pero esto no durará mucho.Para obtener todos los beneficios de la meditación lo que debe hacer es meditar con frecuencia.

Ahora, el hecho de que vaya a meditar con frecuencia no quiere decir que tenga quesentarse a meditar durante horas enteras.De hecho, los estudios demuestran que solo 10 minutos diarios pueden cambiar su vida.Según los estudios, si medita durante diez minutos diarios, puede lograr varios beneficios para su salud, tales como reducir sus niveles de estrés y aumentar su bienestar general.

Diez minutos diarios es algo que todos podemos hacer.Nadie está demasiado ocupado como para no poder reservar un espacio de diez minutos en su día.Si en realidad está pensando "No tengo tiempo para comprometerme a meditar diez minutos diarios", entonces lo que debe hacer es preparar una lista.

Revise cómo pasa todos los días incluyendo los fines de semana.Tal vez incluso ya tenga una lista de sus actividades o un diario sobre ellas.Pruebe y ajuste sus 10 minutos de meditación en una rutina.En otras palabras, pruebe y ajuste sus 10 minutos de meditación a la misma hora del día (o de la noche).Si hace esto, terminará haciéndolo en forma natural, sin tener que recordar en qué momento encajar la meditación en su rutina diaria.

Piénsenlo de esta forma.Cuando se despierta en la mañana usted tiene una rutina.Talvez lo hace en forma natural sin siquiera pensar en ello.Se levanta, se cepilla los dientes, se viste, desayuna etc.Ahora, si incluye diez minutos en la mañana para meditar, esto se convertirá en una rutina inconsciente y la seguirá automáticamente sin pensarlo.Por esto, es mejor hacer sus diez minutos de meditación apenas se despierta, o bien que sea lo último que haga antes de dormirse.

Al hacer que sus sesiones de meditación sean parte de su rutina se asegurará de practicarla diariamente durante diez minutos.De esta manera conseguirá todos los beneficios de la meditación.

Ha habido mucha investigación sobre los beneficios de la meditación.Una de esas actividades de investigación la llevó a cabo la Universidad de Harvard.La investigación de la Universidad de Harvard se centró en cómo la meditación influye en el cerebro.En nuestro cerebro.Los hallazgos de los científicos de esta universidad fueron sorprendentes.La investigación tuvo lugar durante un largo período de ocho semanas.Lo que los científicos descubrieron fue que, en solo ocho semanas, el cerebro reconstruye su materia gris.

Muchos de ustedes podrán no saber qué es la materia gris.Está bien, voy a explicarlo.La materia gris es lo que nos hace ser lo que somos.Es algo que es rico en creatividad.Pero la materia gris también es algo que hace que nos sintamos bien.La materia gris también es importante para una serie de cosas: nos da la opción de tener el control (autocontrol), y también es importante para nuestras emociones y sentidos.En otras palabras, mientras más materia gris tengamos en nuestro cerebro, más se enriquecerán nuestros sentidos y nuestras emociones.Y es por eso que nos sentimos tan eufóricos cuando meditamos. También nos da mayor autocontrol, que es un factor importante tanto en el aspecto moral como en el de la felicidad y en la dirección que hayamos escogido para nuestra vida.

Esto es lo que uno de los investigadores de la Escuela Médica de Harvard, Sara Lazar, dice sobre la materia gris y sobre los resultados de la investigación:

"Aunque la práctica de la meditación está asociada con una sensación de tranquilidad y relajación física, quienes la practican desde hace tiempo indican que la meditación les proporciona beneficios cognitivos y psicológicos que persisten durante todo el día. Este estudio demuestra que pueden estar ocurriendo cambios en la estructura del cerebro que serían la base de algunas de las mejoras reportadas, y que no es solamente que las personas se sientan bien porque hayan pasado un tiemporelajándose."

Lo que Lazar está diciendo es que quienes meditan y han venido diciendo que la meditación les proporciona los beneficios de la tranquilidad, tales como una mente más tranquila y más pacífica y la relajación física, así como la relajación y limpieza del cuerpo del estrés, están afirmando algo que es muy verdadero.Pero la meditación trae más beneficios que la sola tranquilidad de mente, cuerpo y alma.

Los beneficios pueden y son mucho más profundos que eso, ya que afecta la estructura de nuestra alma de manera positiva.La práctica constante y en forma regular de la meditación afecta y cambia nuestra psicología.Se trata de un hallazgo importantísimo. En lugar de que los médicos dependan de medicamentos para tratar algunas enfermedades psicológicas, deberían confiar en la meditación.Ya que no tiene efectos secundarios negativos y puede convertirse en un tratamiento para algunas enfermedades psicológicas, como la ansiedad.

La meditación es una forma natural y muy efectiva en cuanto a su costo para tratar la ansiedad.La meditación con consciencia plena (algo que trataremos más adelante) es una de las prácticas de meditación que pueden ser especialmente útiles.Las exploraciones con resonancia magnética han demostrado que la ansiedad de las personas disminuye después de ocho semanas de practicar la meditación con consciencia plena.Y que la ansiedad se reduce luego de ocho semanas de meditación con consciencia plena porque la meditación frecuente reduce la parte del cerebro que es más receptiva al temor y al miedo.

Por lo tanto, un beneficio claro de la meditación es que disminuye y elimina las presiones psicológicas.Estas presiones incluyen el miedo, el estrés y la ansiedad.Los beneficios de la meditación no están solamenterelacionados con problemas psicológicos; la meditación tiene muchos más beneficios que estos.

La meditación regular puede traer un beneficio general a su bienestar. La meditación regular favorece un estilo de vida saludable.La meditación fomenta un estilo de vida saludable ya que es una práctica que lo hace cuidarse así mismo.Algo así como montar en bicicleta, hacer yoga o participar en clases de baile.Es una forma activa de incrementar su bienestar general.

Cuando usted medita en forma activaaumenta su bienestar general porque está tomando medidas para mejorar al mismo tiempo su salud mental, su bienestar psicológico y su salud física.Para que tengamos una vida positiva (y por lo tanto un bienestar positivo), debemos cuidar nuestra salud física, nuestra salud psicológica y nuestra salud mental. Estas son las formas más elevadas del amor propio.

Cuando empiece a cuidarse a sí mismo a través de la meditación y comience a tratarse a sí mismo con amor y amabilidad, aumentará su bienestar general.

Esto es algo que lo animará a hacer cambios positivos en su vida.En parte porque si ha comenzado a meditar ya está tomando medidas (y acciones) positivas para hacer un cambio positivo en su vida.Esto es porque cuando empezamos a hacer cambios positivos en un área de nuestra vida nos motivamos a hacer cambios positivos en otras áreas.Se convierte en un efecto dominó.Quizás se pregunte ¿Cuáles son estos otros cambios positivos?

Los otros cambios positivos que ocurren en su vida pueden ser abundantes.Como que estará más consciente de lo que come y bebe.Estará más consciente de que el alimento y el líquido que pone dentro de su cuerpo afectan su bienestar general.Esto por lo tanto lo animará a comer cosas que tengan un impacto positivo en su cuerpo y en su mente, como comer más frutas y vegetales. Y menos cosas que tengan un impacto negativo en su cuerpo como chocolate o pasteles.Lo mismo puede decirse de los líquidos que pone dentro de su cuerpo.

Lo que bebemos tiene un efecto positivo o negativo en nuestro bienestar general.Por ejemplo, si bebemos cosas que son tóxicas para nuestros cuerpos como el café o el alcohol, ponemos estos líquidos dentro de nuestros cuerpos y dejamos que causen un impacto negativo en nuestras vidas.No nos sentiremos tan bien.Y como resultado nuestros cuerpos sufrirán un daño.Mientras que con la meditación frecuente se volverá más consciente de que lo que bebe tiene un impacto en su mente y en su cuerpo.Por lo tanto, esto lo motivará a beber cosas que sean mejores para usted, como el agua y los zumos de frutas.

Nuestro bienestar general se convertirá en más positivo cuando hagamos meditación, porque empezaremos a hacer cambios más positivos en nuestra vida diaria.Haremos esto porque llegaremos a ser más conscientes de nosotros mismos.

La conciencia de uno mismo es otro de los beneficios positivos de la meditación. Como la meditación nos obliga a mirar dentro de nosotros mismos, nos volvemos más conscientes de lo que sentimos, de nuestras emociones y de nuestros pensamientos.Y cuando nos volvemos más conscientes de nuestros sentimientos, pensamientos y emociones, podemos comprendernos mejor a nosotros mismos.A veces queremos culpar al mundo exterior por nuestras vidas, cuando a menudo puede ser algo que esté ocurriendo dentro de nosotros.Como la ira y el estrés.

Algunas personas se enojan muy rápidamente, o incluso hay otras que con cualquier cosa se estresan, mientras que otras no. ¿Por qué? ¿Es algo en su estructura biológica? Tal vez. Aunque es más probable que sea porque no tienen conciencia de sí mismos ni autocontrol.

Cuando meditamos con frecuencia, nos convertimos en personas con más control de nosotros mismos. En otras palabras, cuando meditamos tenemos más autocontrol que cuando no meditamos. La meditación lo es todo sobre el autocontrol. Es un acto que nos ayuda a estar más en control de nuestros pensamientos, a aquietar los pensamientos que no nos sirven o que parecen ser negativos. Se trata también de controlar nuestras emociones. Al concentrarnos en la respiración mientras meditamos, y al calmar nuestras emociones, nos convertimos en personas más en control de ellas.

Este arte de estar en control de nuestras emociones y de nuestros pensamientos es una de las claves de la felicidad humana. ¿Con qué frecuencia las emociones negativas y los pensamientos negativos nos han arruinado el día? Es más común que haya ocurrido a que no. A menudo las emociones negativas y los pensamientos negativos que tenemos son innecesarios y sin sentido. Por ejemplo, si derramamos la leche y nos enojamos por eso, ¿de qué nos sirve? Nos enfurecemos por algo que no podemos cambiar ni revertir. Y es algo por lo que no tiene sentido preocuparse.

O también podemos sentarnos todo el día a preocuparnos por una reunión o por una cita que vamos a tener al día siguiente. Creamos en nuestra mente temores que no existen – y arruinamos todo nuestro día. Y además no tiene sentido pues nos estamos preocupando por nada. Sabemos eso. Pero sin embargo lo hacemos. Sin darnos cuenta la reunión o la cita terminanrápidamente y los temores acerca de ellos resultaron ser mucho más aterradores de lo que fue el evento como tal.

El punto es que, cuando no tenemos auto-control nuestras vidas se vuelven aún más negativas. Y cuando nuestras vidas son más negativas, somos menos felices.

En general, con los cambios positivos que

puede traernos la meditación cuando la practicamos con regularidad, seremos más felices. La felicidad es algo que queremos todos los seres humanos en este planeta. Ninguno de nosotros quiere ser infeliz. Por lo tanto, si usted quiere aumentar su felicidad general, medite con regularidad.

Ahora que ya es consciente de los aspectos positivos de meditar con regularidad, vamos a mirar algunos de los mejores tipos de meditación que hay, y que se pueden practicar a diario. El primer tipo de meditación sobre el que va a leer es la meditación Zen.

Capítulo Dos: Cómo Hacer Meditación Zen

Uno de los tipos de meditación más populares y más conocidos es la meditación Zen.La meditación Zen proviene del budismo Zen.

¿Qué es el budismo Zen?

Cuando alguien piensa en la meditación y no está muy familiarizado con ella, seguramente está pensando en la meditación Zen. Esto porque la meditación Zen es el tipo de meditación en el que piensa la mayoría de la gente. Es el tipo y estilo clásico de la meditación.

La meditación Zen se centra en la postura del cuerpo. La postura del cuerpo es un enfoque importante en la meditación Zen. Seguramenteusted conoce la postura de la meditación Zen: la posición de loto. Como se dijo antes, esta es la imagen clásica de la meditación. La imagen de la meditación que probablemente tiene ahora mismo en su mente.

La posición de loto de la meditación Zen requiere que preferiblemente se siente en una cierta posición. ¿Cuál es? Es la posición en la que está uno sentado, muy probablemente en el piso, con las piernas cruzadas, la espalda recta plana como una plancha y las manos descansando enlas rodillas. Arriba de las rodillas.

Quienes practican la meditación Zen probablemente colocan sus manos en una de dos formas. O ponen las palmas de las manos hacia arriba, extendidas mirando al cielo, o presionan dos de sus dedos contra el pulgar de cada mano. Cualquiera de las dos es aceptable. Escoja la forma con la que se sienta más cómodo.

Ya que estamos hablando de comodidad, debemos decir que la posición de la meditación Zen podría no ser cómoda para todos. Esto no lo debe desanimar de practicar la meditación Zen. Más bien hay que decir que algunas personas pueden encontrar esta posición físicamente incómoda.

Algunas personas pueden encontrar la meditación Zen físicamente incómoda porque puede ejercer presión física sobre el cuerpo. La meditación Zen puede no ser tan exigente físicamente para muchas personas, pero puede ser físicamente exigente para algunas. Como para quienes tengan una discapacidad o estén sufriendo dolores físicos.

Dependiendo de la severidad de su discapacidad o de su dolor físico, usted todavía puede ser capaz de participar en la meditación Zen.Lo primero que debe hacer es consultar con su médico.Si su médico dice que puede hacerla y que está bien, tenemos algunos consejos para hacerla más cómoda.

Lo primero, tiene que hacer que su posición de meditación Zensea lo más cómoda posible.Para esto no se siente a hacerla en un suelo duro de maderao de concreto.Más bien siéntese en algo suave, que la haga más cómoda.Para buscar una posición más cómoda puede usar algunos cojines, una alfombra, o mejor aún usar una cama o un sofá donde apoyarse.

Esto es especialmente útil para las personas que tiene dolor en las piernas.Otro caso donde no se podrá hacer la meditación Zen es cuando se tiene dolor de espalda.La posición de loto es difícil para quienes tienen dolor de espalda, pues pone más presión en la espalda, e incluso puede hacer que su espaldale duela aún más.Una solución para esto es colocar la espalda contra la pared.La pared apoyará la espalda y tal vez así estará más cómodo y con menos dolor.

Ahora que hemos resuelto esto, hablemos sobre la meditación Zen.

Al meditar Zen, estará poniendo mucho énfasis en la postura física.Es allí donde se concentrará la mayor parte de su atención mientras practica este tipo de meditación.La razón por la cual la meditación Zen se centra en la postura física del cuerpo es porque se considera que esto crea estabilidad en su mente.Cuando estamos meditando Zen, lo que queremos hacer es aquietar la mente.Esa es su meta.

Se ha dado cuenta que hemos mencionado que la meditación Zen puede ser físicamente exigente. Hay una buena razón para esto — esta meditación quiere llamar la atenciónsobre la tensión que tenemos en nuestro cuerpo.

La tensión en nuestro cuerpo es algo que puede sorprenderle cuando practique la meditación Zen. Talvez no se haya dado cuenta cuanta tensión hay en su cuerpo hasta cuando empieza a meditar Zen.La meditación Zen le hace caer en cuenta de las zonas del cuerpo que tienen tensión.Esto es especialmente cierto si está iniciándose en la meditación Zen.

Es una buena idea que cuando medita de esta manera reconozca y tenga conciencia de quéáreas de su cuerpo están tensionadas.Si cae en cuenta de las áreas que le causan tensión, puede remediarlo.Podríaincluso preguntarse qué le está causando esas tensiones.Si puede, incluso escríbalo.Algunas de las causas a las que puede atribuirle la tensión son:

- ¿La causa el trabajo?
- ¿La causa mi relación sentimental/matrimonial?
- ¿La causa mi situación financiera?
- ¿La causa la zona en la que vivo?
- ¿La causami falta de sueño?
- ¿La causa mi falta de condición física?

A veces, si no hacemos ejercicio nuestro

cuerpo puede ponerse tieso y rígido. Por el contrario, si practicamos activamente en actividades de fitness, nuestros cuerpos se vuelven más flexibles y estaremos menos doloridos y menosrígidos.

La condiciónfísica es importante.Cuando no movemos nuestros cuerpos y no estamos activos, lo que pasa es que nuestra sangre no fluye bien en el cuerpo.La buena circulación sanguínea es importante para su cuerpo, puede evitar que se tenga dolores y molestias en su cuerpo.Por lo tanto, asegúrese de tratar de mantener un estilo de vida saludable mediante el ejercicio.Parte de su régimen de ejercicio puede ser la meditación – y para esto la meditación Zen es el mejor tipo de meditación.

Si es nuevo en la meditación Zen, puede no estar familiarizado de cómo practicarla.Vamos a decirle cómo meditar Zen.

En primer lugar, querrá conseguir una o varias almohadas.La idea es que usted quieraestar cómodo, porque si no tiene algo cómodo donde sentarse puede sentirse mal.Usted querrá sentarse en algo que sea suave, para que pueda tener la máxima comodidad.Sin embargo, tampoco es que sea indispensable usar almohadas. Hay otras cosas que puede usar, como un sofá, una cama o un colchón que son perfectamente aceptables.Use lo que lo haga sentir más cómodo.

Una vez que haya encontrado el apoyo suave que requiere, querrá ponerse en posición.En realidad, hay diferentes posiciones que puede ensayar (vamos a verlas).La posición más común para la meditación Zen es la posición de loto.Sin embargo, también hay diferentes posiciones de loto.No tiene que ensayar todas estas posiciones de meditación Zen.Una sola le servirá, si la usa en forma regular y consistente.¿Quiere saber qué posición Zen es la mejor?¿O más bien cuál es la mejor para su caso?Una vez más, esto depende totalmente de usted.

Una buena idea sería experimentar con varias posiciones de meditación Zen.Al decir experimentarlas queremos decir que sería una buena idea probar las diferentes posiciones Zen, y decidir cuál le funciona mejor.No tiene que probarlas todas al mismo tiempo – una tras otra – el mismo día.Más bien espacie su experimentación.Puede probar una diferente cada día si lo desea y si le parece demasiado para empezar, pruebe una nueva cada semana.

Cuando haga esto, su experimento, mantenga un diario de cómo le va con la prueba de los diferentes tipos de meditación Zen.Escriba cómo se siente con cada una.Tal vez quiera calificarlas del 1 al 10.Por ejemplo, escriba cómo le hizo sentir una particular posición de meditación Zen, calificándola del 1 al 10.Esto es una buena manera para ver qué posición de meditación Zen es la más beneficiosa para usted.

Compare cada tipo de posición de meditación Zen.Puede que ni siquiera necesite hacer esto, podría terminar sabiendo instintivamente cuál le resulta mejor.Sin embargo, podría ser que se perdiera entre los diferentes tipos de meditación, y que al final no recuerde cuál prefiere.Esto será especialmente cierto si hace el experimento de meditación Zen durante un período prolongado, de algunas semanas.

Los diferentes tipos de posiciones de meditación Zen se enumeran ahora, sin ningún orden especial.Puede tratar estos tipos de meditación Zen en cualquier orden que elija, no importa cuál.Solo trate de sacar el mayor provecho de una meditación tranquila.Así que aquí va, estos son los diferentes tipos de posiciones de meditación Zen.

1) El Loto Completo

El loto completo es la posición en la que coloca cada pie sobre el muslo opuesto.Por ejemplo, doblando la pierna derecha, coloque el pie derecho en la parte superior del muslo izquierdo.Lo mismo con el pie opuesto.Tome el pie izquierdo y colóquelo sobre el muslo derecho.

Esta es una posición fácil y simple.

Sin embargo, al comienzo la posición de loto completo puede ser una posición dolorosa.Si le duelen los muslos o las piernas con esta posición, entonces siéntese solo con las piernas cruzadas.Incluso para personas sanas, al comienzo la posición de loto podría ser incómoda.Sin embargo, a medida que practique más la posición de loto completo en su meditación Zense reducirá el nivel de incomodidad.

Después de colocar sus pies como se ha indicado, coloque las manos sobre las rodillas.La mano derecha sobre la rodilla derecha.La izquierda sobre la rodilla izquierda.

2) El Medio Loto

El siguiente tipo de práctica de la meditación Zen es el medio loto.La posición de medio loto es similar a la del loto completo.

Hay sin embargo una clara diferencia entre el medio loto y el loto completo, y es por eso que tienen nombres diferentes.La diferencia proviene de que es más fácil el medio loto, en comparación con el loto completo.El medio loto es más fácil que el loto completo.

Para la posición de medio loto siéntese en

la misma posición que para el loto completo.Siéntese en una posición cómoda y luego cruce las piernas – pero no una encima de la otra como en el loto completo, sino cruzándolas en la forma como normalmente cruza las piernas.Después de esto, ya tiene su posición para meditar.Solo coloque las manos sobre los muslos, o descansando sobre las rodillas, y medite así.

3) La Posición de Rodillas

La posición de rodillas es para los que no pueden cruzar las piernas o se sienten muy incómodoscruzándolas.La posición de rodillas es más sencilla y por lo tanto más fácil de recordar.Todo lo que tiene que hacer es arrodillarse en el piso.Asegúrese de que sus caderas estén apoyadas sobre los tobillos.

Y medite desde esa posición.

4) La Posición de la Silla

Meditar sentado en una silla es una excelente posición para quienes tienen alguna discapacidad, o que tienen dolor de espalda.

5) La Posición de Pie

Por último, tenemos la posición de pie.La posición de pie es probablemente la posición más difícil en la meditación Zen.Se requerirá mucha concentración y equilibrio.Similar a como se tiene con el yoga o con el ballet.

Quienes son nuevos en la meditación, o que no han hecho actividad física por un tiempo, deben comenzar esta posición poco a poco e irseejercitando gradualmente.La manera más fácil de empezar esta posición es levantando un pie ligeramente del suelo.Hasta aproximadamente el nivel del tobillo.Y presionando este pie ligeramente contra la otra pierna.A medida que progrese en la meditación, en unos días o semanas, trate de mover el pie un poco más arriba de la pierna, hasta que pueda llegar al nivel de la rodilla.

Un pie al nivel de la otra rodilla es la forma común de meditar en la Posición de Pie.No bloquee las rodillas.Y coloque las manos sobre el estómago, o si lo desea colóquelas juntas en posición de oración.

Es decir, uno de los pies estará en el suelo

mientras que el otro estará presionando la rodilla.No importa qué pierna decida levantar, tendrá el mismo efecto.Algo sobre esta posición, si resulta demasiado difícil o si encuentra que le causa dolor, deje de hacerla.Solo va a poner su cuerpo bajo más tensión y más dolor.

Si encuentra que esta posición con una pierna arriba no le funciona, entonces medite parado en ambos pies.¡Con esta posición todavía conseguirá los mismos grandes beneficios de la Posición de Pie!

Hay muchos grandes beneficios en el uso de la meditación Zen.Estos beneficios traerán muchas experiencias positivas a su vida.Y harán que su vida en general sea mucho mejor.Lo mejor de practicar la meditación Zen de forma frecuente es que no es que haya solo un beneficio de la práctica de la meditación Zen.Hay muchos beneficios de la meditación Zen.Vamos a analizar algunos de los muchos beneficios que recibirá al practicarla:

- Mejores relaciones con las personas de su vida
- Reducción del estrés y de la ansiedad

- Su mente se volverá cada vez más clara y más centrada
- Una mente más abierta y más tolerante
- Cada vez más amable y más compasivo
- Cada vez más feliz consigo mismo y con la vida
- Pensamiento positivo y control de sus pensamientos

Estas son solo algunas de las mejoras positivas que se producirán en su vida cuando empiece a meditar frecuentemente con el Zen.La meditación Zen es una de las formas más valiosas de la meditación que puede hacer.Y es una práctica altamente recomendada.

Capítulo Tres:Cómo Practicar la Meditación conConsciencia Plena

La meditación conconsciencia plena, también llamada meditación de atención plena, es otro tipo de meditación que se puede practicar.La consciencia plena o atención plena es una forma perfecta de meditación si quiere que su mente se centre en el momento presente, en lugar de enfocarse en el pasado o en el futuro.Usted probablemente está consciente de que en ocasiones su mente puede estar en cualquier parte menos en el presente.A veces se vive en el pasado con remordimientos y tristezas.En otros casos se vive con preocupaciones sobre el futuro, incluso si ese futuro es soloel día de mañana.

El objetivo de la meditación con consciencia plena es acabar con esto.La meditación con consciencia plena le impide andarse lamentando del pasado.Y le impide preocuparse por el futuro.Con la meditación con consciencia plena llevada a cabo con frecuencia, su centro de atención será el ahora.

La consciencia plena nos hace ser conscientes de lo que está sucediendo a nuestro alrededor en el momento actual.Es una práctica de meditación que intensifica nuestra consciencia, nuestras emociones y nuestros pensamientos.

Es sorprendente cuán poco podemos estar conscientes de lo que está sucediendo en este preciso instante.Trate por un momento de pensar acerca de cómo son sus pensamientos en su vida diaria.Trate ahora mismo de recordar en qué ha estado pensando durante el día de hoy.O, si está leyendo esto en la mañana, recuerde qué pensamientos tuvo ayer.Seguramente no será capaz de recordar cada pensamiento que tuvo, pero talvez recordaráaquellas cosas en las que ha estado pensando con más frecuencia.Estas cosas en las que ha estado pensando con más frecuencia son aquellas en donde con toda seguridad se encuentra su mente en este momento.

Así que, sea honesto consigo mismo, ¿dónde está enfocada su mente en este instante?¿Está enfocada en el momento presente?¿Más bien está pensando en lo que ya ha pasado?¿O talvez más bien se centra en el futuro que todavía no ha ocurrido?Si no está familiarizado con la meditación con consciencia plena, es probable entonces que sus pensamientos estén divididos entre pensar en el pasado y en el futuro.

Está bien invertir algo de tiempo pensando en el pasado o en el futuro.Sin embargo, usted no va a querer vivir en el pasado o en el futuro pues en ese caso se estará perdiendo los momentos presentes.Para obtener el máximo provecho de la vida y para aprovechar al máximo el momento presente – entrene su mente para concentrarse en el ahora.

Usted puede volverse más consciente del ahora practicando la meditación con consciencia plena.

Lo bueno de la meditación con consciencia plena es que cualquiera puede practicarla.No tiene que ser una persona religiosa, espiritual, ni jovenni estar en forma.Todo lo que necesita es la disposición de aprender y de practicar la meditación con consciencia plena.Es una meditación que es conveniente para todos. La buena noticia sobre la meditación con consciencia plena es que se puede practicar en cualquier lugar.Por lo tanto, si está realmente muy ocupado y tiene dificultades para encontrar un momento libre, o si quiere meditar de esta manera con frecuencia, es una meditación que puede hacerla en su escritorio en el trabajo, en la naturaleza mientras camina al aire libre, o mientras toma el transporte público.Sin embargo, hay ciertas precauciones al practicar la meditación con consciencia plena.Si la hace al aire libre no la haga caminando cerca de carreteras (o de cualquier otro lugar que podría ser peligroso).Nunca haga ningún tipo de meditación mientras está conduciendo, ni siquiera la de consciencia plena.Meditar mientras se conduce es peligroso, pues puede perder el control del vehículoo dormirse.Así que no lo haga.

Una vez aclarado esto, ¡aquí le muestro unas formas seguras de cómo podrá comenzar a disfrutar la meditación con consciencia plena!

Busque un tiempo

Lo primero que tiene que hacer para su sesión de meditación con consciencia plena es destinar algo de tiempo.Puede ser durante la primera hora de la mañana, o lo último que haga antes de irse a la cama.Puede ser en cualquier momento que lo desee.Al destinar un tiempo para su sesión de meditación con consciencia plena, asegúrese de que no será interrumpido.

Tome conciencia del momento presente

La clave para la meditación con consciencia plena es estar consciente del momento presente.Cuando se haya sentado en una posición cómoda, querrá estar más consciente del momento presente.

Esto porque la clave para la meditación con consciencia plena es estar consciente del momento presente, sin emitir juicios sobre sus pensamientos.Esto significa que no debe criticar los pensamientos que le vienen a la mente.Solo tome conciencia de ellos.Lo que quiere hacer es entrenar su mente para que se enfoque en el ahora, sin tratar de pensar.Esto no será fácil, por lo que requerirá algo de práctica.

Tome nota de sus pensamientos.

Al llegar a este punto usted querrá tener conciencia de sus pensamientos.Haga una nota mental de ellos.¿Qué está pensando?¿Cuáles son sus pensamientos predominantes?

No va a querer juzgar ni criticar estos pensamientos. Solo observarlos y no hacer nada acerca de ellos.Déjelos pasar.Concéntrese.

Vuelva al momento presente

Después de haber observado sus pensamientos sin criticarlos, lo que quiere hacer es volver al momento presente.

Este es todo el punto de la meditación con consciencia plena, llevar su mente al momento presente.Cuando entrene su mente para esto, se volverá una persona más tranquila y más centrada.Estará por lo tanto menos preocupado por lo que ha sucedido en el pasado y por lo que sucederá en el futuro.Lo que lo llevará a estar más consciente del momento reciente.Y a vivir en el momento presente.Esto le reducirá el estrés y lo hará más feliz.

Durante una sesión de meditación con consciencia plenadebe probar varias veces la meditación con consciencia plena. En primer lugar, esto quiere decir que debe dejar que le lleguen sus pensamientos sin criticarlos, y en segundo lugar que debeconcentrarse en el momento presente.De esto es de lo que se trata la meditación con consciencia plena.

Sea amable con usted mismo

El último punto de la meditación con consciencia plena es que debe ser amable consigo mismo.No se critique por los pensamientos que tenga.Por el contrario, deje que los pensamientos corran por su mente y a continuación vuelva a concentrarse.Haga un recorrido por su mente y luego vuelva calmadamente a concentrarse en el presente.Hágalo todo el tiempo que quiera.Mientras más veces lo haga, más silenciará pensamientos no deseados y tomará más control de sus pensamientos.

La meditación con consciencia plena tiene

muchos grandes beneficios.Si usted es una persona que quiere controlar sus pensamientos, o quiere centrarse más en vivir en el momento presente, entonces la meditación con consciencia plena es su tipo de meditación.

Sin embargo, si quiere controlar sus pensamientos de otra manera, por ejemplo,si no quiere simplemente silenciar sus pensamientos sino más bien desea controlarlosactivamente, entonces hay otro tipo de meditación para usted.Este tipo de meditación requiere controlar sus pensamientos a través de afirmaciones, y se llama meditación trascendental.

Capítulo Cuatro: Cómo Utilizar la Meditación Trascendental

La meditación trascendental es un tipo de meditación más bien moderno.Comenzó a practicarse en el siglo XX.

La meditación trascendental se inició a mediados del siglo XX en la década de 1950 por un hombre llamado Maharishi Mahesh Yogi.Su tipo de meditación se conocía como el movimiento de meditación trascendental.El movimiento de meditación trascendental divulgó y promovió activamente la meditación trascendental a lo largo de la década de 1950.

Sin embargo, a pesar de que la meditación trascendental tiene sus raíces en la década de 1950, no fue sino hasta más tarde que se hizo muy popular.En las siguientes dos décadas, durante los años 1960 y 1970 la meditación trascendental creció en popularidad.¡Hizo su marca en el mundo!

Al llegar el siglo XXI, la meditación trascendental se hizo aún más popular.Al llegar el siglo XXI la meditación trascendental llegó a millones de personas.Y sigue creciendo hasta el día de hoy.

La meditación trascendental es una de las formas de meditación más populares y extendidas que se utilizan hoy en día.Esto en parte podría deberse a que hay muchos practicantes famosos de la meditación trascendental. Pareciera como que todas estrellas de Hollywood y las estrellas de la música practicaran la meditación trascendental.Algunos de los rostros más famosos de la meditación trascendental son Katy Perry, Russell Brand y Jennifer Aniston.Estas personas famosas son en parte la razón por la que la meditación trascendental se ha convertido en una forma muy popular de meditación.

Pero esta no es la única razón. La principal razón de la popularidad de la meditación trascendental es debido a sus positivos y duraderos efectos.Hay muchas razones beneficiosas para practicar la meditación trascendental.Aquí vamos a enumerar algunos de sus beneficios.Y estos resultados positivos son la razón por la que debe practicarla hoy.

La meditación trascendental puede ser especialmente útil para aquellos que tienen problemas de salud.Los problemas de salud para cuya curación la meditación trascendental resulta más útil son los problemas de salud relacionados con problemas psicológicos.O problemas de salud mental.Este tipo de meditación puede eliminar o reducir significativamente los siguientes problemas psicológicos y de salud mental:

- Ansiedad
- Estrés
- Y, presión arterial alta

Siestá buscando una forma de meditación que sea útil para resolver un problema de salud, principalmente si es de carácter psicológico o mental, entonces la meditación trascendental es ese tipo de meditación.Solo tiene que consultar primero con su médico y asegurarse de que está bien. Probablemente estará bien. Este tipo de meditación no solo es bueno para quienes sufren de problemas psicológicos y mentales. La meditación trascendental es una gran forma de meditación para todos.Quizás se preguntará ¿qué beneficios puedo obtener de este tipo de meditación?Hay muchos beneficios que puede recibir meditando así.Vamos a ver algunos de ellos.

Uno de los beneficios que recibirá a través de la meditación trascendental es que tendrá una vida más relajada y más pacífica.Como la meditación trascendental busca reducir los niveles de estrés, la ansiedad y la presión arterial alta, el resultado es que usted estará más calmado y más relajado.Cuando en la vida uno se calmale suceden dos cosas.Primero se convertirá en alguien mucho más contento con la vida.

En segundo lugar, como está más contento con la vida se convertirá en alguien mucho más feliz.Por lo tanto, un beneficio positivo que recibirá a través de esta forma de meditación es que se convertirá en alguien mucho más feliz.Un segundo beneficio de esta meditación es que tendrá paz interior.Una de las razones por las que tendrá paz interior es porque se sentirá menos estresado, menos ansioso y más feliz.Son estas pequeñas cosas las que pueden redundar en su nivel de felicidad general.Su mente y su cuerpo se volverán más asentados.Libres de influencias negativas.

El tercer y último beneficio positivo de esta meditación es un aumento en los niveles creativos.En otras palabras, usted se volverá más creativo si practica frecuentemente la meditación trascendental.Tal vez parezca ser el tipo de meditación preferido por actores y cantantes por igual.Por lo tanto, si es usted una persona creativa o quiere serlo, practique esta forma de meditación.

Ahora vamos a mostrarte cómo puede meditar trascendental.

Estos son los pasos que puede seguir:

Reserve el tiempo

Tendrá que reservar un tiempo que destinará para su sesión de meditación.La meditación trascendental requiere que medite un poco más de tiempo que con la mayoría de las otras formas de meditación.Con la mayoría de las meditaciones, usted puede practicarlas en unos diez minutos.Con este tipo de meditación es preferible meditar entre 15 y 20 minutos.

Póngase cómodo

A continuación, siéntese en una posición cómoda.A diferencia de algunas formas de meditación, como la meditación Zen, no esindispensable estar sentado.Sin embargo, si quiere se puede sentar.

Respire

Respire hondo, antes de cerrar los ojos.

Ahora va a estar más relajado al concentrarse en su respiración.Y respirando despacio.

Mantra

Cualquiera que sea su mantra, va a repetirlo lentamente.Asegúrese de que su mantra no sea muy largo.Una frase debería ser suficiente para su mantra.Si quiere un ejemplo de lo que debe ser su mantra, aquí tiene algunos ejemplos:

"Estoy feliz y realizado en la vida."

"Soy una persona compasiva."

"Soy una persona amable."

"Soy completamente amado.Y amo totalmente a otras personas."

Usted puede utilizar una de estas afirmaciones, o utilizar la suya propia.No hay afirmaciones correctas o incorrectas.Usted querrá utilizar afirmaciones para las áreas de su vida que desee mejorar.Digamos que usted quiere mejorar sus niveles de confianza, utilice una afirmación que fomente la confianza.Digamos que quiere ser más artístico en la vida, como un gran cantante, artista o actor, use sus afirmaciones para crear esto.

Probablemente con estos ejemplos ya tiene una idea de cómo puede usar afirmaciones a su favor.Puede usar afirmaciones para mejorar cualquier área de su vida.

Sienta el mantra

Cuando recite el mantra que ha escogido, querrá recordar una cosa y esto es sentir el mantra.Sentir el mantra es una parte importante de la meditación trascendental, porque hace que la meditación sea más efectiva.

Por ejemplo, si su mantra elegido es tener más confianza, entonces querrá querer sentirse más confiado.Y así sucesivamente con cualquier otro mantra que elija.

Tiempo

Haga esta sesión de meditación durante unos 15 a 20 minutos.Esto debería ser suficiente para que pueda cosechar todos los beneficios de la meditación.

Trate de hacer con frecuencia su sesión de meditación.Cuanto más lo haga, más efectiva e influyente será su meditación.Una vez al día es la frecuencia ideal para su meditación.

Estos son los pasos simples que puede seguir para su sesión de meditación trascendental.La meditación trascendental es un tipo de meditación fácil de practicar.También es una forma de meditación que vale la pena hacerla.Puesto que recibirá una gran cantidad de muchos cambios beneficiosos con esta meditación.Recibirá cambios notables, que mejorarán su vida para mejor.¡Pruébela!

Capítulo Cinco: Cómo Practicar la Meditación por la Paz

Para muchos de ustedes,practicar la meditación será para encontrar paz en sus vidas.Encontrar la paz en la vida puede lograrse de muchas formas.

Una forma como podemos alcanzar la paz interior es a través de nuestros pensamientos.Nuestros pensamientos pueden o bien traernos paz o traernos problemas.Gran parte del nivel de paz de nuestras vidas puede provenir de nuestros pensamientos.¿Cuáles son sus pensamientos repetidos?¿Cómo le hacen sentir?¿Lo hacen sentir en paz?

Una vez que se haya fijado qué tan en paz está su mente, puede comenzar a practicar una forma de vida más pacífica.Para tener una vida más pacífica que esté en gran parte ayudada por sus pensamientos, querrá tener pensamientos que encuentre pacíficos y que sean pensamientos de paz.

Cuando tenemos pensamientos pacíficos, tenemos una mente en paz.Y cuando tenemos una mente en paz, tenemos una perspectiva pacífica de la vida.Nos lleva a estar más contentos y más felices con la vida.

Hay varias maneras como puede encontrar más paz a través de la meditación.También otra manera de encontrar más paz a través de la meditación es la de entrenar su mente para que logre estar tranquila y en paz.Que la mente esté más tranquila quiere decir que debe dejar de pensar ydetener todos sus pensamientos.Al principio tratar de hacerlo será muy difícil.Y requerirá mucho esfuerzo.Sin embargo, con un poco de esfuerzo logrará tener una mente más en paz a través de calmar su mente.

¿Podría preguntarse cómo puede calmar su mente durante la meditación para alcanzar la paz?Los pensamientos estarán corriendo por su cabeza.La práctica hace al maestro.Cuando se concentra en no pensar en nada, o trata de controlar sus pensamientos programando pensamientos nuevos, más positivos, tendrá una vida más positiva.También aumentará su bienestar.

Al aumentar su bienestar, se hará más

saludable.No es solo su mente la que se hará más saludable, sino que su cuerpo se hará también más saludable.Cuando tenga una mente feliz, tendrá un cuerpo sano.Cuando tenga un cuerpo sano muchas enfermedades pueden desaparecer, tales como la ansiedad, el estrés y la depresión.Puede que no siempre sea la "cura", pero se sabe que ha ayudado mucho a las personas que sufren estas condiciones.

Para lograr la máxima paz a través de la meditación, salga, vaya afuera.Cuando salga puede recibir mucha más paz.Esto se debe a que la naturaleza tiene propiedades naturales de curación.Se ha demostrado que estar en la naturaleza puede llegar a ser mucho más beneficioso para su salud.Si elige meditar fuera obtendrá el doble del efecto positivo.

Ya sea que elija meditar para la paz en el exterior o en el interior, lo que querrá encontrar primero es un lugar que sea tranquilo.Encontrar un lugar tranquilo es el paso más importante para conseguir un estado pacífico.El siguiente paso es asegurarse de que no lo interrumpan.para el máximo efecto usted querrá conseguir un tiempo y un lugar donde sabe que no lo interrumpirán.

Capítulo Seis: Cómo Practicar la Meditación para Aliviar el Estrés

En este capítulo, vamos a revisarla meditación para aliviar el estrés.La meditación puede ser muy importante para aliviar el estrés. Puede incluso ser una herramienta muy eficaz para eliminarlo.

¿Qué es el estrés?

Decimos que tenemos estrés cuando sentimos tensiones o presiones en nuestras vidas.Esta tensión o presión puede estar presente en nuestras mentes, a través de nuestros pensamientos y emociones.O el estrés que tenemos puede manifestarse en nuestro cuerpo – en sus emociones, o a través de dolores y molestias.

Es muy común en la sociedad actual que las personassufran de estrés en su vida diaria.Este puede venir de muchas fuentes.La presión de una sociedad acelerada.La vida moderna no es lenta, se mueve a un ritmo muy rápido.Esto puede llevar a que las personas desarrollen estrés en su vida cotidiana.Sin embargo, hay diferencias notables entre los niveles de estrés de quienes viven en las grandes ciudades y los que viven en zonas más rurales.Las zonas rurales tienen un ritmo más lento que las grandes ciudades – son menos ruidosas y están menos ocupadas – esto lleva a que la gente se sienta mucho menos estresada.Además, en las zonas rurales hay mucha más naturaleza: árboles, bosques y verdor.Cuando las personas están rodeadas de naturaleza se sienten mucho menos estresadas.

La imagen es muy diferente en las ciudades.Las ciudades son muy agitadas, ocupadas, y con entornos mucho más duros y hostiles, no solo para los animales, sino también para las personas.Si vive en una ciudad hay una buena posibilidad de que esta vida en la ciudad le cause estrés.Es probable que esto le suceda a la mayoría de ustedes, ya que la mayor parte de las personas viven hoy en día en zonas urbanas.

Para controlar sus niveles de estrés primero tendrá que entender qué los está causando.Si entiende lo que está causando sus niveles de estrés, puede reducirlo e incluso eliminarlo.Entonces, ¿cómo puede averiguar qué está causando sus niveles de estrés?Tome papel y lápiz.

Ahora, con papel y lápizen mano, quiero que piense en su vida.Quiero que piense en todas esas cosas en las que puede pensar, que día a día le causan estrés.Es mediante la comprensión de lo que le causa estrés diariamente, que podrá ayudarse a reducir y a curar su estrés.

No importa lo que le venga a la mente cuando piense en lo que le causa estrés, escríbalo.Aunque piense que es insignificante, escríbalo.Incluso si es algo que no querría admitirlo a sí mismo o a otros, escríbalo.El último punto es muy importante, algunas veces noqueremos ser honestos con nosotros mismos o con la gente que nos rodea.Por ejemplo, su matrimonio le causa estrés, pero no quiere admitirlo a sí mismo, o a su pareja, o incluso a su familia y amigos.A veces evitamos las cosas, porque son una realidad dolorosa.

Sin embargo, es una realidad mucho más dolorosa pretender ante sí mismo y ante los demás que nada está mal.A largo plazo duele más.Y también a largo plazo perjudica a todos los demás.Lidiar con cosas como el estrés cuando ocurren, es una buena manera de manejar estas cosas antes de que se salgan de control.

Ahora que sabe que ser honesto consigo mismo es muy importante para curar sus niveles de estrés, tendrá que hacer algo en la práctica.No es suficiente saber qué le están causando estrés, también es importante elsaber ¿por qué esto me causa estrés?Sólo usted sabe por qué algo en particular le está causando estrés.Por ejemplo, digamos que tiene un trabajo que es muy estresante. Una cosa es admitir que su trabajo es estresante.Otra cosa, sin embargo, es saber por qué ese trabajo le resulta estresante.

Hay una buena probabilidad de que tenga muy clara la razón por la que su trabajo le causa estrés.Y depende de usted qué debe hacer al respecto.Recuerde siempre que su salud y su bienestar y los de otras personas a su alrededor son mucho más importantes que un trabajo.Primero y principal cuídese y cuide a quienes están a su alrededor.

Por otra parte, si no tiene claras las razones por las que su trabajo le está causando estrés, entonces tal vez es la hora de hacer un examen de conciencia.Si por ejemplo no tiene clara la razón por la que su trabajo le produce estrés,le parece que no es porque el trabajo sea muy exigente o porque tenga un mal jefe, entonces tal vez haya más de una razón para pensar que talvez está en el trabajo equivocado.Si este es el caso, debe seriamente pensar en tratar de cambiar de trabajo.Recuerde que pasamos la mayor parte de nuestras vidas en el trabajo, y la vida es demasiado corta – busque algo que lo haga feliz, si ese es el caso, y eso lo hará sentir menos estresado.

Ahora que hemos analizado cómo puede ocurrir el estrés en nuestras vidas cotidianas, vamos a ver cómo la meditación puede reducirlo.

Una de las mejores formas de reducir el estrés a través de la meditación es con la respuesta de relajación.Se conoce como respuesta de relajación cuando usted se enfoca en su respiración – simplemente controlando su respiración haciéndola más lenta.Comience concentrándose en su respiración.Mientras hace esto no piense en más nada.Mientras se concentra en su respiración, verá cómo se va calmando.Cuanto más se concentre en su respiración, más y más se tranquilizará.

Luego que se concentre en su respiración durante unos minutos, lo que querrá hacer es concentrarse en su sentido del olfato.Centrarse en sus sentidos es una forma importante de reducir el estrés, ya que lo alivia.

En este punto, para enfocarse en sus sentidos, querrá enfocarse específicamente en el sentido del olfato.Esto desviará su atención a lo que sea que esté oliendo en ese momento y a relajarse.Una buena manera de hacer esto es sostener una taza de café y olerla, relajándose mientras lo hace.O bien, sostenga una flor y huélala, relajándose mientras lo hace.¿Se da cuenta que cuando hace estas cosas, se vuelve más calmado y más concentrado?Es que en ese momento su estrés se está reduciendo.

Ahora, concéntrese en el momento presente en lugar de en el pasado.No piense en nada.Busque algo que esté delante suyo, un objeto que no se pueda mover, para que pueda mantener la atención en él (un objeto movible puede irse lejos, por lo que es mejor elegir un objeto fijo).Un objeto ideal sería algo así como un árbol.

Cuando haya elegido su árbol (u otro objeto fijo), concentre allí su atención.Esto le ayudará a mantener supresencia en el momento actual.Cuando haya elegido su objeto, pase algún tiempo simplemente mirándolo, observándolo y enfocándose en él.Trate de no pensar en otra cosa.No querrá que su mente se concentre en el pasado ni se enfoque en el futuro.Si tiene que pensar en algo, intente pensar en algo del presente.Sin embargo, la mejor manera de sacar el máximo provecho de esto esno pensar en nada.Solo piense en el árbol.Mire cómo se va sintiendo más calmado.Esto reducirá sus niveles de estrés.

La siguiente técnica que puede ensayar en la meditación para el alivio y la reducción del estrés es la de concentrarse en una escena que le traiga paz.Para esto será necesario que cierre los ojos y medite.Usted querrá hacerlo sentado en unas almohadas cómodas, o, tal vez incluso sentado en un banco en el parque.Una vez que haya encontrado un lugar ideal para la meditación, querrá cerrar los ojos.

A medida que cierre los ojos, querrá ahora concentrarse en algo que le traiga paz.Visualice algo que lo asocie con la paz.Puede ser cualquier cosa que le traiga paz.¿Qué le trae paz?¿Qué lo hace sentir tranquilo?Qué tal si visualiza una caída de agua.O se concentra en un prado tranquilo y soleado, con mariposas volando alrededor.Estos son ejemplos de cómo puede lograr una meditación pacífica.Sin embargo, estas no son las únicas formas como puede lograr la virtualización pacífica.

Capítulo Siete:Cómo Practicar la Meditación para la Felicidad

En el último capítulo de este libro, vamos a ver la meditación para la felicidad.Hasta ahora ha mirado cómo puede usar la meditación para la paz.También ha analizado cómo puede usarla para aliviar el estrés y para calmar la ansiedad. Ahora, va a ver lo mejor que la meditación regular le puede traer a su vida: la felicidad.

Antes de ver cómo la meditación puede traerle felicidad a su vida, primero queremos hablar de ¿Qué es la felicidad?, ¿Qué nos hace felices?

En muchos sentidos, la felicidad puede ser una experiencia muy subjetiva.Experimentamos felicidad a través de las cosas que disfrutamos, o de las personas que nos hacen felices.Pero, las cosas que le traen alegría o la gente que lo hace feliz, no son necesariamente las cosas que le llevan alegría a otras personas o las mismas personas que le llevan felicidad a otros. A menudo se encuentra que las fuentes externas de felicidad son únicas para cada individuo.La fuente u origen de lo que lo hace a usted feliz, probablemente no es lo mismo para otras personas.

Además, no siempre la felicidad proviene de fuentes externas.De hecho, nuestra felicidad a menudo se origina dentro de nosotros mismos.En otras palabras, nuestros niveles de felicidad están determinados por lo dispuestos que estamos dentro de nosotros a hacernos a nosotros mismos felices.Esto es algo a donde vamos a llegar en un minuto.Pero primero, queremos volver a las cosas que nos hacen felices fuera de nosotros mismos.Hacer esto es importante, porque va a enseñarnos que la felicidad de fuentes externas no es permanente.

Quiero que piense en las cosas externas que lo han hecho feliz en el pasado.Puede ser cualquier cosa, desde posesiones materiales hasta personas.

Mencionemos primero las posesiones materiales.Probablemente esté familiarizado con la experiencia de lo que se siente cuando uno desea muchísimo alguna cosa.Quizá sea un nuevo televisor, quizá un vestido, talvez un auto nuevo o una casa nueva.Ahora, piense en cuánto deseaba estas cosas antes de comprarlas.Probablemente pensó que si las tuviera sería feliz para siempre, ¿verdad?

La siguiente etapa es lo que siente cuando obtiene esta nueva posesión material y se convierte en una novedad.Está realmente muy contento con ella.Sin embargo, esto no dura, no es permanente.Dentro de unos meses talvez estará aburrido de su nueva posesión y sus ojos vagarán hacia otro lugar.Comenzará a querer otro nuevo juguetico reluciente.

La idea de llamarle la atención sobre esto esque con frecuencia consideramos que lo que nos hará felices serán las posesiones materiales.Hasta cierto punto esto es cierto.Por un tiempo estas cosas nos hacen felices.

Pero esto no dura.Pronto nos aburrimos y de nuevo estamos inquietos y queremos otra posesión material para hacernos felices.A través de los medios de comunicación estamos condicionados a pensar que, si tenemos las últimas posesiones materiales seremos felices y realizados.La verdad es que esto no va a suceder.Porque nada puede traernos felicidad duradera, excepto nosotros mismos.

Por otra parte, no solo estamos condicionados a creer que las posesiones materiales nos harán felices. A menudo estamos condicionados a creer que solo seremos felices a través de otras personas.Esto parece ser especialmente cierto en la forma como vemos las relaciones románticas.Parece que pensamos que si no tenemos alguien que nos ame,es que somos indignos o que no podemos ser felices.La verdad es que la mayoría de las relaciones románticas van y vienen, lo que significa que no podemos poner nuestra felicidad a los pies de esta otra persona.Para empezar, no es justo con ellos.Y, por otra parte, si y cuando esta persona se va de nuestras vidas, se irátambién la felicidad.

En la vida, la relación más larga que tendrá es la relación que tiene consigo mismo.Por lo tanto, la relación que tiene consigo mismo se convierte en la relación más importante que tiene y que jamás tendrá.No busque su felicidad fuera de usted mismo, ya sea con personas o con cosas, porque solo son relaciones temporales y a largo plazo solo le traerán decepciones.En su lugar, busque la felicidad dentro de sí mismo.Y eso es algo que la meditación puede traerle.

La siguiente pregunta que se hará es, ¿Cómo puedo encontrar felicidad a través de la meditación? Buena pregunta.Ahora vamos a ver cómo puede encontrar felicidad a través de la meditación.Esta felicidad que recibe a través de la meditación puede venir naturalmente.

La meditación diaria aumentará su felicidad y le traerá felicidad.Para que esta felicidad sea duradera, tendrá que comprometerse con la meditación.Al comprometerse con la meditación, esto significa que usted tendrá que verla como una parte importante y cotidiana de su vida.Puesto que esa es la única manera como debe usted tomar la meditación.Por lo tanto, el primer objetivo para encontrar la felicidad a través de la meditación es, para que sea una parte importante y regular de su vida – que la practiquetodos los días.

Estaal principio puede parecer una orden difícil, pero no lo es.Piense en ella como una inversión.Es una inversión en su nivel de felicidad.La forma en que usamos nuestro tiempo es una inversión.En lugar de invertir tiempo en la televisión, trate de usar ese tiempo de forma más constructiva y utilícelo para la meditación.

Una gran forma de meditar para lograr la felicidad es la Meditación de la Bondad Amorosa, también llamada del Amor Amable.Probablemente esté pensando que la meditación de la amabilidad amorosa tiene que ver más con el amor y con la bondad que con la felicidad.Sin embargo, cuando expresamos amor y bondad, nos convertimos en una persona más feliz dentro de nosotros mismos, más felices con los demás y más felices en la vida.

Para practicar la meditación de la bondad

amorosa, querría que le destinara 15 minutos del día.Realmente no importa a qué hora del día, la que mejor se adapte a su horario está bien.Probablemente sea mejor que establezca un tiempo designado que pueda recordar, que pueda convertirse en una rutina, para que recuerde que debe meditar.Cuando haga esto, póngase en una posición cómoda.

Estos son los pasos a seguir para practicar la meditación de bondad amorosa:

Encuentre un lugar

Encuentre un lugar y póngase cómodo.Debería encontrar un lugar donde sepa que no será interrumpido.Así que, si tiene una casa con mucha actividad busque el momento cuando la casa vaya a estar tranquila.Tal vez usted puede hacer esto cuando los niños estén en la escuela o su pareja haya salido a trabajar.Usted sabrá cuando su casa está tranquila y cuando está ocupada, programe su tiempo cuando esté tranquila.

De esa manera, no lo interrumpirán.Y podrá centrar toda su atención en la meditación.

Cierre los ojos

A continuación, tendrá que cerrar los ojos.Antes de empezar a meditar, solo siéntese unos minutos con los ojos cerrados.Haga esto para que pueda acostumbrarse a su posición de meditación.

Le tomará unos minutos para que su mente se asiente.Aunque, a lo largo de la meditación su mente siempre puede divagar.No sea duro consigo mismo cuando esto suceda.Traiga su mente suavemente de regreso a donde estaba y continúe meditando.

Posición sentada

La posición en la que debería estar es donde pueda estar sentado cómodamente en una silla.Ya que va a estar sentado allí durante unos diez a quince minutos, asegúrese de sentarse en un cojín y tener otro un cojín detrás, así no se sentirá incómodo mientras medita.

Mientras esté sentado en su silla, asegúrese de que su espalda esté recta, sentándose derecho.Debe tratar de hacer esto cada vez que medita, porque así evitará estar encorvado, lo que podría ocasionarle dolores y molestias.A continuación, asegúrese de que ambos pies estén firmemente en el suelo.

Relájese

El siguiente paso es tomar unos minutos para relajar todo el cuerpo.Trate de liberar esa tensión interior que tiene.Baje los hombros para que no los tenga encorvados.

Trate de sentir la ligereza de su cuerpo.Apunte a sentirse liviano.Cuando empiece a sentirse liviano, en lugar de pesado y tenso, sabrá que está en el marco mental correcto para pasar al siguiente paso.

Visualización

Una vez que esté en una posición en la que esté relajado, es hora de empezar a visualizar. Sus ojos aún estarán cerrados. A lo largo de todos estos pasos y hasta este momento, sus ojos deben estar cerrados.

Mientras está visualizando, querrá internalizar su conciencia y lentamente comenzar a respirar, inhalando y expirando.Comience lentamente a respirar a lo largo de la visualización.No se preocupe si se concentra en la visualización y deja de concentrarse en la respiración.Una vez que recuerde comience de nuevo a inhalar y expirar lentamente.Suavemente y con calma.

El tipo de visualización que hará es muy específico, a diferencia de otras formas de meditación.Esto se debe a que en este caso su objetivo se centra enel amor, la bondad y la felicidad.Por esto, su visualización deberá centrarse en el amor, la bondad y la felicidad.

Trate de llevar a cabo su visualización en tres pasos, esto le dará una felicidad completa.

El primer paso en el que querrá enfocarse es en la visualización, concentrándose en el amor.No hay una forma correcta o equivocada de concentrarse en el amor, así que no se preocupe por esto.En su lugar, hágalo personal.Cuanto más personal sea su visualización del amor, más amoroso se sentirá.Y esto lo hará más feliz. Aquí algunos consejos sobre en qué pensar cuando lo haga:

- Concéntrese en la gente en su vida.Amigos y familiares.
- Concéntrese en pasar tiempo con sus amigos.Disfrútelo.
- Céntrese en pasar tiempo con su familiaDisfrútelo.
- Céntrese en pasar tiempo en la naturaleza.Disfrútelo.
- Mientras visualiza la naturaleza, imagine que siente en su rostro el calor del sol.
- Envíele amor también al mundo.Envíele amor a todos.
- Envíe amor a sí mismo y concéntrese en amarse a sí mismo.

Estas son solo algunas de las ideas que puede usar para su visualización del amor, como parte de su Meditación de la Bondad Amorosa.Cuando empiece a hacer esto, debería sentir más amor. Más amor por sí mismo.Más amor por otras personas.Y más amor por el mundo que lo rodea.Como resultado, esto debería hacerlo sentir más feliz.

Lo siguiente que querrá hacer es concentrarse en la bondad.Visualícese siendo más amable.Aquí algunos consejos sobre cómo hacer esto:

- Concéntrese en verse amable con otras personas
- Concéntreseen sentirse y ser amable consigo mismo
- Concéntrese en sentirse y ser amable con los animales
- Concéntrese en sentirse amable y ser amable con el mundo

Cualquiera de estas cosas, o todas ellas, le ayudarán a sentirte más amable. También le ayudarán a sentirse más compasivo, y como resultado a ser más compasivo.Esto a su vez le hará sentirse más feliz con el mundo y más feliz consigo mismo.

La parte final y última de la meditación de la bondad amorosa es visualizarse así mismo siendo feliz.Ahora, en este punto querrá concentrarse en sentirte feliz dentro de sí mismo.No se concentre en qué lo hace feliz o quién lo hace feliz.Para lograr la felicidad general y duradera querrá concentrarse en sentirte feliz dentro de sí mismo.

Trate de enfocarse en ser feliz.Haga esto

mientras se ve a sí mismo sentado afuera en la naturaleza.Puede ser fuera frente a un árbol, o frente a un rio enfrente suyo.Escuche cómo fluye el hermoso río.Escuche cómo cantan los pájaros, una hermosa experiencia.Y allí, mientras usted mantiene esa visualización, concéntrese en sentirse feliz.Concéntrese en ser feliz.

Esto puede durar todo el tiempo que quiera.Mientras más tiempo lo haga mayoresserán sus beneficios.Cuanto más tiempo lo haga, más feliz se sentirá y más feliz será.Se estará entrenando para confiar en sí mismo para su felicidad.Se está entrenando para aprender que usted es el responsable de su propia felicidad.

Después de que haya completado los tres pasos, puede salir lentamente de su meditación.¡Después de esto debería sentirte increíbles!

Hay un punto más que mencionar sobre esta forma de meditación, y es que mientras practica estas visualizaciones internamente,puede hacer afirmaciones positivas sobre sí mismo o sobre otros.Esto no es un requisito. Si quiere concentrarse solo en las visualizaciones sin las afirmaciones, hágalo. Seguirá obteniendo beneficios gratificantes.

Haga lo que lo sienta cómodo.La clave de la meditación es asegurarse de que se sienta cómodo con la meditación.Eso también le traerá felicidad.

Si practica con frecuencia la meditación de la bondad amorosa, debería ver cómo se convierte en una personamás feliz y más contento con la vida.

La meditación es una gran fuente de felicidad.Usted se sorprenderá de lo feliz que se va a sentir después de haber meditado.Realmente es una inversión que vale la pena, y que cada vez transformará su vida para que sea mejor.

Conclusión

En conclusión, la meditación es una práctica antigua que se remonta a tiempos antes de Cristo.Los primeros orígenes conocidos de la meditación provienen de antes de Cristo.Aunque no sabemos la fecha exacta en que se inició por primera vez, sabemos que es probable que se practicara antes del 410 a.C. al 490 a.C.Esta es probablemente la época alrededor de la cual se formó la meditación, aunque no podemos estar completamente seguros.

Las fechas 410 a.C. a 490 a.C. corresponden a cuando vivía el Buda.Las fechas exactas de su nacimiento y su vida no son realmente conocidas – es algo disputado tanto por los teólogos como por los historiadores.

Los orígenes iniciales de la meditación probablemente se asocian a la religión del budismo, o el hinduismo.Ambas religiones datan de antes de Cristo.Y hay evidencias de que ambas religiones practicaban la meditación desde esas fechas remotas.Por lo tanto, parece muy probable que la meditación tenga sus raíces en la religión y en las prácticas religiosas.

Sin embargo, para practicar la meditación no hay que ser religioso ni espiritual.Para meditar, tampoco hay que pertenecer a las religiones del budismo odel hinduismo.De hecho, la meditación se ha convertido en una actividad más bien secular que practican todas las personas, especialmente en el mundo occidental.La mayoría de las personas que meditan en el mundo occidental no practican ninguna religión en particular.Ellos meditan por decisión propia.

Bien sea que medite por su propia iniciativa, o como parte de una religión o práctica espiritual, de todas formas puede obtener todos los beneficios de la meditación.Estos beneficios positivos de la meditación han sido estudiados desde hace muchos años por los científicos.En los últimos años la comunidad científica ha estudiado mucho la meditación.Y han encontrado que lo que las antiguas religiones del budismo y el hinduismo han venido diciendo acerca de la meditación, es de hecho cierto.Más aún, lo que es asombroso es que los hallazgos de los científicos sobre la meditación han demostrado que los eruditos antiguos más bien subestimaron los beneficios de la meditación.

Dicho de otra forma, los científicos han encontrado que la meditación proporciona muchos más beneficios quelos que hasta ahora pensaba la gente que traía.

Usted puede meditar para recibir plenamente estos beneficios positivos de la meditación.Un error común es creer quepara recibir los beneficios de la meditaciónhay que meditar diariamente durante horas.Esto no es cierto.Todo lo que tiene que hacer para recibir los beneficios completos de la meditación es practicarla durante unos diez minutos diarios.Esto es algo que todos podemos hacer.Nadie está demasiado ocupado para no poder encajar en su vida diez minutos diariosde meditación.

Y lo mejor que hay que hacer es que su meditaciónforme parte de su rutina.Así no la olvidará.Los mejores momentos para encajar la meditación en su día es o bien temprano en la mañana, que sea lo primero que haga cuando se despierta, o, tarde en la noche antes de irse a la cama.

Va a encontrar que recibirá muchos beneficios de sus sesiones diarias de meditación.Estos incluyen: más autocontrol, más autoconsciencia, mayor bienestar general y mayor felicidad general.Bastaque emplee diez minutos diarios todos los días, y esto hará que su vida en general sea mejor.Cambiará su vida a una más positiva y optimista.

Como usted lo ha visto a través de la lectura de este libro, hay varios tipos de meditación.El primer tipo de práctica de meditación que leyó fue la meditación Zen. La meditación Zen es el estilo clásico de la meditación.Cuando practiquemos la meditación Zen, normalmente lo haremos en la posición de loto.La posición de loto es en la que se sienta con las piernas cruzadas, los brazos hacia fuera y descansando en sus piernas.Su espalda estará recta.Y su enfoque principal estará en su postura y su respiración.Trate de sentarselo más cómodo posible mientras esté en esa posición.Para eso use unos cojines (o una almohada Zen).Siéntese sobre ellos mientras medita.

Nos centramos en la meditación Zen primero, porque en mi opinión es el mejor tipo de meditación que hay.Con la práctica de la meditación Zen usted recibirá muchos y muy grandes beneficios.

Elija el tipo de meditación que más le convenga.El tipo de meditación del que saque el máximo provecho.Al hacer esto, practique su estilo de meditación elegido de forma frecuente.Esto se debe a que, cuando practica la meditación de forma regular, obtendrá el máximo provecho de ella.Mientras que, si usted solo hace la meditación esporádicamente, no recibirá beneficios de larga duración.

Muchas áreas de la vida se ven afectadas positivamente por el acto de la meditación, incluyendo la consciencia plena, el manejo del estrés, la salud física, la creatividad, la reducción de la ansiedad, el enfoque, el manejo de sus relaciones, y la capacidad de resolución de problemas y la visión general de la vida.

Otra forma de meditación que se le anima a practicar es, por ejemplo, la meditación de consciencia plena.En la meditación con consciencia plena, como en la meditación Zen, se trata de controlar sus pensamientos.

La meditación con consciencia plena, sin embargo, a la hora de controlar sus pensamientos adopta un enfoque diferente al de la meditación Zen.Con la meditación con consciencia plena hay dos formas principales comonos enfocamos para controlar nuestros pensamientos.La primera forma de controlar los pensamientos con la meditación con consciencia plena es observar sus pensamientos, pero dejarlos ir.

Al decir dejarlos ir queremos decir que solamente nos limitaremos a observar nuestros pensamientos sin emitir juicios sobre ellos.Los dejaremos pasar sin criticarnos ni juzgarnos a nosotros mismos.Al hacer esto aprenderá que sus pensamientos no son su propio ser, sino elementos separados de usted, pero que al mismo tiempo también puede controlarlos.Otra forma de controlar sus pensamientos es aprendiendo a estar más centrado en el ahora.Regrese todo el tiempo al momento presenteEste es el segundo paso.

Al aprender a estar más centrado en el ahora, usted se vuelve más consciente del momento presente.Esto le impide preocuparse por el futuro, o inquietarse por el pasado.Al hacerlo se convertirá en una personamás feliz, más contenta y menos estresada.Comenzará a vivir el momento y a sacar el máximo provecho de la vida, en lugar de que su mente viva en otro lugar (en el pasado o en el futuro).

La siguiente forma de meditación que leyó fue la meditación trascendental.La meditación trascendental es una forma de meditación muy valiosa y agradable.Busca trabajar con el uso de afirmaciones para hacer su vida mucho mejor, más proactiva y más agradable.

La forma sencilla de hacer la meditación trascendental es usando sus propias afirmaciones.Si lo desea, puede repetir las afirmaciones de este libro, o encontrar algunas en Internet.El problema al hacerlo de esta forma es que resulta algo impersonal y por lo tanto menos eficaz.Por esto es mejor usar sus propias afirmaciones y al ser creativo con ellas obtendrá el máximo provecho, porque usted las has creado y por lo tanto las disfruta más y en general funcionan mejor.

Uno de los principales objetivos de la meditación es crear paz en su vida cotidiana.Crear paz significa que usted se liberará de laspreocupaciones ydel miedo y esto lo llevará a la creación de una vida más feliz y más satisfactoria.

Una de las principales formas de lograr la paz es mediante el control de sus pensamientos a través de la meditación.Controlar sus pensamientos a través de la meditación significa que,o bien usted silenciará su mente por completo, o que controlará sus pensamientos.De cualquiera de las dosmaneras, estaes una forma efectiva de crear paz en su vida.Y crear paz en su vida lo llevará a ser más saludable y más feliz.

Si está buscando meditar, es muy probable

que lo que esté haciendo para gozar de una vida en paz.Tener una vida pacífica requiere que haga varias cosas.Requiere que tome el control.Y requiere que se concentre en controlar sus pensamientos, controlar sus emociones y controlar su vida.

La meditación es una gran manera de controlar sus pensamientos, controlar sus emociones y controlar su vida, practicando la meditación en forma regular.

Hay varias formascomo puede meditar para alcanzar la paz.Una de ellas es calmándose y comenzando a concentrarse en su respiración.Al centrarse en su respiración comenzará a verse más libre de estrés, menos tenso y menos ansioso, porque va a respirar más pausadamente.Haga esto unas cuantas veces, o tantas veces como sea necesario hasta que se sienta calmado y centrado.A medida que se sienta calmado y centrado, se sentirá más feliz y más tranquilo.

Lograr mayor felicidad también puede venir de la meditación de visualización.La visualización es una manera fácil de volverse más feliz y de reducir el estrés.No requiere mucho esfuerzo, y es mucho más simple que otras formas de meditación.La visualización solamente requiere que se concentre en algo que encuentreque le da paz.Como por ejemplo concentrarse en una cascada o en una llanura tranquila.

Lo último que vimos en este libro, pero no menos importante, es que vimos cómo se puede usar la meditación para la felicidad.

La felicidad es una de las mejores razones para practicar la meditación a diario.No hay una sola persona en el mundo que no quiera ser feliz, todos queremos serlo.Y, — si le dedica tiempo, la meditación puede traer esa felicidad a su vida.

Dedicarle tiempo a la meditación es como hacer una inversión.La verdad es que todo en su vida es una inversión.Su trabajo es una inversión.Sus relaciones son inversión.Y cómo pasa su tiempo es una inversión.Si quiere lograr en su vida un beneficio positivo y estimulante, pruebeentonces la meditación.La meditación es la opción más positiva y más edificante que puede escoger parasu vida.Es algo que cambiará completamente su vida para algo mejor.Y es algo que hará aumentar sus niveles de felicidad.

La mejor manera de ser feliz con la meditación es a través de un tipo de meditación llamado la Meditación de la Bondad Amorosa.La Meditación de la Bondad Amorosa no solo se enfoca en ser más cariñoso y bondadoso, sino que también es un tipo de meditación que se enfoca en ser más feliz consigo mismo y con los demás.Hay tres pasos para completar esto.

¡De nuevo gracias por descargar este libro! Espero que este libro haya sido capaz de ayudarle. El siguiente paso es comenzar a implementar en su vida las ideas que ha leído en este libro, y aprovechar los beneficios que ha conseguido a través de ellas.

¡Gracias y buena suerte!

Parte 2

Introducción

¿Sufres de estrés? ¿Sabes que el estrés se está convirtiendo en uno de los problemas más grandes del siglo 21? Más y más gente se está dando cuenta que los tratamientos tradicionales no sirven para curar las enfermedades relacionadas con el estrés. Entonces, es hora de encontrar remedios alternativos o formas de evitar el estrés sin usar drogas. Las cifras que da el Centro Nacional de EstadísticasMédicas prueban que la cantidad de recetas médicas escritas ha aumentado 400 por ciento más que en años anteriores. ¿Pero, que está sucediendo realmente? Otras estadísticas muestran un marcado incremento en las enfermedades relacionadas con el estrés. Entonces, si se están haciendo más recetas médicas pero el problema sigue aumentando, algo no está funcionando.

El camino a la meditación puede ser complicado para algunas personas. En un mundo tan competitivo como el nuestro, donde se nos dice que tenemos que ser los mejores todo el tiempo, ¿cómo hacemos para entender que tenemos que apagar nuestra mente? La verdad es que no es algo fácil de hacer, pero la meditación existe hace siglos y ha ayudado a los que la practican a obtener paz mental. Esta paz mental enriquece tu vida. No es algo imaginario ni tampoco algo inalcanzable para quienes eligen esta ruta. Sin embargo, entendemos que no es algo fácil para quienes tienen una mente ocupada. Es por eso que este libro fue escrito dividido en pasos. Te ayudara a realizar todos los pasos necesarios para poder meditar. Luego, podrás tener mayor control de tu vida.

Hay muchas historias sobre meditación, sin embargo, la filosofía budista es la forma más fácil de explicar por qué la meditación funciona y por qué los budistas meditan.

Todo comenzó hace mucho tiempo, pero Siddhartha Gautama, quien fue el primer Buda, se preguntó por qué la gente sufría tanto. Dejando todas las comodidades de su vida de príncipe, quiso saber por qué la gente sufría tanto. La meditación era algo común en esos tiempos, aunque se requería mucha concentración para lograr el objetivo final de la meditación, que era la iluminación. Cuando Siddhartha logro esa iluminación, se sorprendió con lo que hallo. Su hallazgo fue que hasta un cierto punto la humanidad es la responsable de su propio sufrimiento y que si se tomaban ciertos pasos, podía evitarse este sufrimiento.

La meditación fue parte de los hallazgos, pero fue tan importante que todavía tiene validez hoy en día. Adéntrate en este libro y sigue los 34 pasos hacia la libertad personal.

Capítulo 1 – De Que se Trata La Meditación

Si nunca has tenido nada que ver con la meditación, es posible que tengas la idea en tu cabeza de que las personas que hacen esto se sientan en círculos y, literalmente, vuelan. Pero no es tan simple como eso. La meditación requiere concentración. Dentro de cada ser humano, hay puntos de energía. Es posible que no los conozcas, pero se les conoce como chacras. La ciencia médica está de acuerdo con esta premisa y si observas la práctica de la acupuntura, verás que los profesionales también te hablan sobre estos centros de energía que se bloquean. Por lo tanto, lo que termina sucediendo es que una persona con los puntos de energía bloqueados se sentirá mal. Esto puede relacionarse tanto con las enfermedades físicas como con el bienestar general.

La meditación es una práctica que permite a las personas liberar estos puntos de energía para que la energía pueda fluir a través del cuerpo de una manera más eficiente. Cuando esto sucede, el paciente siente una sensación de bienestar y es más capaz de hacer frente a la vida en general porque la energía fluye correctamente y no hay bloqueos. La meditación ayuda a las personas a reconocer dónde pueden estar esos bloqueos y ayuda a liberarlos para que tenga energía y sienta una sensación de calma y claridad que la vida no le permitirá sentir.

La meditación toma diferentes formas, dependiendo de tu preferencia. Por ejemplo, uno puede meditar con un canto, o con el ritmo de la respiración. Las personas incluso meditan mientras caminan o estando conscientes de todo lo que sucede a su alrededor, pero viendo todo de una manera diferente. La meditación de Mindfulness toma al paciente y lo hace consciente del momento en el que vive, los maestros muestran a los estudiantes cómo observar de manera positiva, para no llevar ninguna forma de juicio a la práctica de la observación.

Otras de las cosas que puedes pensar sobre la meditación, puede ser si eres capaz de sentarte en la posición incómoda que asocias con la meditación. De hecho, no tienes que sentarte en la posición de Lotus para meditar. Las personas pueden meditar en cualquier lugar, mientras la posición que elijas le dé una apoyo estable a la espalda, es posible realizarla mientras está sentado en una silla de madera dura normal.

Otros tienen imágenes de grupos de personas sentadas en el suelo y se preguntan cómo es posible que mediten cuando hay tanta distracción. El hecho es que los maestros y gurús que enseñan meditación también enseñan a los estudiantes a concentrarse en lo que están haciendo y lo que sucede alrededor del estudiante tendrá poca importancia porque su nivel de concentración en el proceso real de meditación es tal que bloquea cualquier potencial interrupción. Sin embargo, cuando estéscomenzando a aprender meditación, es una buena idea que tengas un lugar tranquilo para meditar. Es tu falta de experiencia lo que te impedirá tener éxito y tener una ventaja al estar en un lugar tranquilo ayuda considerablemente.

Por qué se usa la meditación

La razón por la que la gente usa la meditación es para mejorar su conocimiento o acercarse a su propio sentido de espiritualidad. Cuando eres capaz de meditar, no te alteras por pequeñeces. De hecho, te das cuenta que tus niveles de estrés son más bajos y que por eso puedes hacer más cosas. Ayuda a la salud también, porque baja tu presión arterial, hace que tu corazón vaya más lento y la mediación también ayuda a que el cuerpo obtenga la relajación necesaria para liberar endorfina lo que a la vez te hace sentir mejor mental y físicamente.

La meditación ayuda a la concentración. Si tienen vidas estresantes, eso significa que sus mentes se toman un descanso del estrés y, a cambio, su mente puede recuperar la energía necesaria para seguir con su ocupada vida sin sobrecargarse. Eso es importante hoy en día.

Los pasos por los que te guiamos te darán todas las instrucciones que necesitas, pero puedes estar seguro que cuando elijas esta ruta, comenzaras a sentirte mejor. Tu cuerpo puede manejar más cosas y tu mente no se sobrecarga con estrés. La meditación te ayuda a balancear tu vida y te ayuda a acercarte a la fuente de tu espiritualidad. No tienes que ser religioso para practicar la meditación ya que en lo único que tienes que creer para meditar es en ti mismo.

Para aquellos que necesiten ayuda para meditar o sienten que un sistema de soporte externo les ayudaría, se recomienda ir a clases de yoga o meditación. En un ambiente como este, los que practican meditación reciben ayuda de sus pares y de instructores que están calificados para trabajar con las personas y ayudarlos a desarrollar su habilidad de meditar. Quizás encuentres que una visita a un retiro espiritual te sea beneficiosa, aunque esto no es obligatorio. Cuando Siddhartha Gautama meditaba y encontró la respuesta al sufrimiento humano, él estaba solo, aunque el recibió una educación clásica sobre meditación y el ir a retiros espirituales era parte de ella.

Capítulo 2 – Los Primeros Pasos

Los primeros pasos que debes realizar se muestran en este capítulo y tratan sobre tu preparación para meditar. Estos forman el comienzo de tu relación con la meditación y debes realizarlos para prepararte para los beneficios de la meditación.

Paso 1 – Conseguir el equipo adecuado

El equipo que se necesita es simple. Te darás cuenta que necesitas una colchoneta de yoga para hacer la meditación en la posición tradicional. Para esta tienes que cruzar los tobillos y hay alguna gente a la que esto les cuesta por eso es que yo sugiero que inviertas en una silla para meditación. Una silla de meditación zen puede ser una silla de madera con un almohadón del que se usa en la cama. La silla debe estar inclinada así no te cuesta ponerte en la posición y tampoco tienes que sufrir calambres en tus piernas. Alternativamente, puedes usar un almohadón

No hay una vestimenta específica para

meditar. Solo que lo que vistas no te incomode.

Si quieres hacer de tu área de meditación algo más inspiracional, puedes poner objetos que te inspiren. Mucha gente usa sahumerios de incienso, estatuas de buda o hasta hacen altares para crear el ambiente de meditación. Quizás también quieras invertir en música que puedas escuchar antes de meditar, así estas relajado y puedes meditar de manera más efectiva.

Paso 2 –Dedicar un lugar para meditar

La razón por la que esto es importante es por que debes incorporar a la meditación en tu vida diaria. Si tienes un lugar dedicado a la meditación, es más difícil que te olvides de meditar y lo tomaras en serio. Este espacio debe estar en un lugar donde no serás interrumpido. Debe estar lejos del ruido y las distracciones y debe tener una temperatura que sea agradable.

Paso 3 – Tener un Diario

Durante el aprendizaje de la meditación,

se te pidetener un diario. Hay una razón para esto. Si puedes anotar los beneficios que obtienes de cada sesión, te ayudara a desarrollar tu habilidad de meditación. También puedes anotar las cosas que no te dejaron meditar y tratar de corregirlas en la próxima sesión. Así no continuaras cometiendo los mismos errores una y otra vez. Menciono esto porque conocí personas que no analizan sus sesiones y me dicen que no pueden meditar. No aprenden de las sesiones que tienen y no arreglan los problemas que surgen durante la meditación. Por eso, no aprenden. Para desarrollar tu habilidad de meditar, se te pide que al terminar cada sesión reflexiones sobre lo meditado y realmente analices tu progreso.

Paso 4 – Aprender a pensar en nada

Durante el aprendizaje de la meditación, vas a tener cosas específicas en las que pensar, como las que se describieron en los pasos anteriores. Sin embargo, te ayudara practicar tener momentos calmos. Estos pueden ser escuchar música y dejar que la música absorba tu mente. Sentarte y tratar de evitar los pensamientos conscientes por un rato. Tienes que poder relajar tu mente y la gente que esta estresada nunca lo hace. Por eso, necesitas alguna distracción que te permita olvidarte de tus preocupaciones del día. Te vamos a mostrar algunos ejercicios de mindfulness más adelante, pero intenta esto. Siéntate en un lugar cómodo y mira a tu alrededor. En vez de pensar en lo complejo que fue tu día, observa que es lo que vez a tu alrededor. Luego cierra los ojos e intenta nombrar todo lo que viste. Este es un ejercicio de autocontrol. Mientras piensas en estas cosas, no dejes que tus pensamientos divaguen.

Estos son los pasos iniciales para comenzar a practicar meditación. Una vez que los hayas completado y tengas el equipo que necesitas, podrás comenzar con tu meditación y descubrirás que te puede ayudar en tu vida. Sin embargo, estos primeros pasos te pondrán en el camino correcto.

Capítulo 3 – Aprender a Respirar Correctamente

La gente se ríe cuando les sugiero esto. Después de todo, respiran cada día de su vida y hasta ahora su reparación nunca los defraudo. Sin embargo, hay diferentes métodos para respirar y quizás necesites corregir alguno de los malos hábitosque desarrollaste durante años. Por ejemplo, ¿respiras por la nariz o por la boca? Si bien las dos formas funcionan, la nariz es más eficiente porque tiene pelos que ayudan a filtrar el aire para que no respires contaminantes o alguna otra cosa que irrite tus vías respiratorias. Sin embargo, no solo hay que respirar correctamente por la contaminación.

Paso 5 – Ejercitar la Respiración

Recuéstate en la cama y retira la almohada. De esta forma tu cabeza estará en una posición perfecta para respirar. Sin embargo, si tienes problemas de salud que te producen dolor en esta posición, utiliza una almohada lo más plana posible. Debes estar acostado de espalda. Pon una mano sobre tu abdomen. Inhala por la nariz y siente como el aire llena tu abdomen superior. Sostén la respiración por un momento. Exhala. Si lo hiciste bien, te darás cuenta que generaste un acción pivotante en tu abdomen superior. Si no sucede esto, inténtalo nuevamente hasta que suceda.

Paso 6 – Alinear la Columna

Durante tu vida, tu columna se desgasta. Si sufres de dolores de columna, este ejercicio te ayudara a realinear tu columna. Recuerda, si esto te causa algún tipo de dolor, sal de esa posición suavemente y no lo intentes con tanta fuerza. No supone que esto te cause dolor y puedes realizar estos ejercicios diariamente a un ritmo más lento para que no te cause dolor. ¿Por qué es esto relevante para la meditación? La alineación de la columna es algo vital durante la meditación ya que esto permite que la energía fluya por tu cuerpo.Recuéstate de espalda, pon tu mano sobre tu pecho. Inhala y cuando estés exhalando, presiona tu pecho y saca todo el aire por la boca. Realiza este ejercicio varias veces al día y quizás si lo haces todas las mañanas pueda ayudarte a establecer una rutina. Te darás cuenta que si sigues con este ejercicio, serás menos propenso a dolores musculares y podrás concentrarte más fácil en tu meditación.

Paso 7 – Aprender a Respirar y Relajarse

La relajación es algo muy importante para la meditación y si eres una persona estresada, lo más probable es que no te relajas y ves a la relajación como un signo de debilidad. La realidad es que la relajación te ayuda a recuperar fuerzas en vez de disminuirla. En la misma posición acostada que usamos antes, de espaldas, pon tus manos a tus lados. Asegúrate de que la cama sea cómoda y que no estas usando ropa incomoda.

Inhala y piensa en una parte de tu cuerpo. La forma en que yo enseño esto es empezar por los dedos de los pies y luego subir por el resto del cuerpo en este orden:

Dedos de los pies, planta de los pies, tobillos, pantorrilla, muslos, cintura, pecho, hombros, dedos de las manos, muñecas, antebrazo, parte superior de los brazos, cuello, cabeza.

Cuando pienses en los dedos de tus pies, flexiónalos así puedes sentir como se estiran y luego relájalos totalmente. Mientras comienzan a relajarse siente como se ponen más pesados. Luego muévete a la próxima parte de tu cuerpo hasta que hayas relajado todo tu cuerpo. No pienses en otras cosas. Piensa solo en las partes de tu cuerpo tensándose y relajándose.

Paso 8 – Aprender respiración energizante

La respiración energizante se utiliza en las ocasiones en las que necesitas un poco de ayuda con tus niveles de energía. Ya sean los niveles de energía mental o física. Esto se llama Nadi Shadhana y la razón por la que utilizas estos ejercicios cuando eres alguien que medita es porque te ayudan a concentrarte mejor y también ayudan a asegurarte que tu sistema respiratorio está limpio. Estos ejercicios también aseguran que el balance sea restablecido en ciertas áreas del cerebro así como satisfacen las necesidades del sistema nervioso.

Pon tu pulgar sobre tu fosa nasal derecha. Inhala por tu fosa nasal izquierda y mantén la respiración mientras cambias tu pulgar a la fosa nasal izquierda. Exhala por la fosa nasal derecha. Repite este ejercicio 10 veces. Quizás te des cuenta a medida que mejores en la meditación que este ejercicio es útil para mantenerte en un estado mental meditativo y para energizarte entre medio de las sesiones de meditación.

Capítulo 4 – Tu Primera Sesión de Meditación

Este capítulo está dividido en pasos simples de seguir para poder comenzar tu meditación. Se asume que nunca has meditado antes. Si lo hiciste, pero no tuviste éxito, igualmente completa los pasos por que quizás te equivocaste en alguna parte importante que si lo corriges puede ayudarte a tener éxito.

Paso 9 – Posiciónate para meditar

Siéntate en tu silla y cruza tus piernas. Debes estar vestido con ropa cómoda. La posición de tu columna es vital y debe estar completamente derecha.

Paso 10 – Posiciona tus Manos

Tus manos deben estar ocupadas y son usadas para ayudar a anclarte en una posición específica. Puedes ubicarlas sobe tus piernas o puedes usar la posición de yoga en la que están sobre tus tobillos. Sin embargo, respeta la posición de los dedos. Si decides posicionar tus manos sobre los tobillos, pon tu mano dominante sobre tu tobillo con la palma hacia arriba (si eres diestro, será la mano derecha) luego posiciona la otra mano, con la palma hacia arriba, sobre la que está en el tobillo, uniendo los pulgares. Si eliges la posición de yoga, pon tus manos sobre tus tobillos, con las palmas hacia arriba y junta tu dedo pulgar con el dedo mayor. Esta posición se mantiene durante toda la sesión de meditación.

Paso 11 – Piensa en tu propósito

Antes de que comenzar a meditar, es una buena idea estar en estado mental correcto. Dite a ti mismo porque estás haciendo esta meditación. Yo uso una especie de oración al comienzo de la meditación que es algo así:

Dame la fuerza personal para ver más allá de lo obvio y para poder adquirir un mejor entendimiento de la vida.

Lo que haces es establecer tus expectativas y eso es importante. No puedes pasar de tu ocupada vida a la meditación sin que haya algún especie de puente entre ello. Algunas personas hacen esto antes de ponerse en la posición de meditación y prenden incienso o velas para entrar en el estado mental correcto. Esto genera un sentimiento de propósito y es importante.

Paso 12 – Vaciar la Mente

Ahora, concéntrate en tu respiración por un corto tiempo. Esto no es meditación. Esto es relajarte y prepararte para meditar. Inhala por la nariz y luego elije tu si exhalar por la nariz o la boca. Inhala, sostén esa respiración y luego exhala. Mientras haces esto, intenta vaciar tu mente de todos los problemas e intenta lograr el estado mental correcto para meditar.

Paso 13 – Meditar

Cierra tus ojos así no te distraes con cosas externas. Inhala y concéntrate en como la respiración entra en tu cuerpo. Imagina que es una forma de energía. Si necesitas imaginarlo como algo sólido, está bien. Imagina como recorre tu cuerpo, y mantén la respiración por un momento. Luego exhala, sintiendo como el aire que sale recorre todo tu cuerpo hasta la boca. Cuenta hasta uno. Repítelo, inhala, siente como el aire recorre tu cuerpo y luego mantén la respiración por un momento. Exhala y cuenta hasta dos y así sucesivamente hasta llegar a 10.

Si crees que va a ser más fácil llegar hasta 10 sin pensar en otras cosas, te vas a dar cuenta de que no es tan fácil como parece al principio. Sigue intentándolo igual, porque tú puedes hacerlo. Es solo que toma tiempo poder apagar tu mente lo suficiente. Si piensas en otra cosa que no sea tu respiración durante la meditación, vuelve a contar desde el número uno, porque tienes que establecer la concentración en los pensamientos continuos de la respiración. Siente el aire entrando en tu cuerpo. Siente cuando lo mantienes dentro y luego siente como sale de tu cuerpo. Esto es meditar y si puedes dedicarle quince minutos de tu día a la meditación, te darás cuenta que mejoraras y querrás alargar esos quince minutos, lo que está perfectamente bien y es algo normal al desarrollar tu práctica de la meditación.

Capítulo 5 – Introducción al Mindfulness

El mejor momento para hacer Mindfulness es inmediatamente después de meditar. Este es un periodo en el que ya terminaste de meditar, pero todavía no estás listo para volver al bullicio de la vida.

Paso 14 – Aprender de tu Meditación

Te pedimos en los primeros capítulos que tengas un diario para registrar todas las cosas que sientes durante la meditación. Puede que reconozcas tus debilidades y donde es que te equivocaste. Después de llenar tu diario, siéntate en la pose meditativa y comienza a pensar de una forma consiente. El Mindfulness se trata sobre pensar en el momento en el que estas. Esto significa que no hay lugar para recuerdos del pasado y obviamente no hay lugar para las preocupaciones del futuro. Luego de que termines tu meditación y completes tu diario, siéntate con tus ojos abiertos y aprende a estar en el momento al observar todo a tu alrededor. Esto puede ser algo que ves en el fuego de una vela. Puede ser sentir la atmosfera de la habitación o inhalar el aroma de la habitación. Piensa solo en las cosas que tus sentidos detectan. Si divagas, vuelve a concentrarte en el momento.

Paso 15 – Paz y Calma Interior

En este ejercicio de Mindfulness, necesitamos que encuentres un lugar que te inspire. Cualquier lugar que te haga decir wow será adecuado. Puede que sea un jardín, un lugar lindo o algún lugar en donde encuentres paz y calma, como una playa al amanecer o atardecer o hasta pararte en la cima de una montaña. La razón por la que necesitamos que estés en este tipo de ambiente es porque este ejercicio es uno de humildad. Humildad es lo que sientes cuando sabes que el mundo a tu alrededor es más grande de lo que tú eres. La belleza de una flor te mostrara eso, así como el color amarillo de una hoja en otoño lo hará. Inspírate por lo que ves y mantén todos los otros pensamientos fuera de tu mente. Tienes que ser capaz de ver lo pequeño que eres en comparación de esta belleza, porque a veces lo olvidamos. Esta sensación de pequeñez puede parecer algo negativo en tu vida, pero en realidad no lo es. Pone las cosas en perspectiva de una manera positiva. Si bien eres pequeño, eres una de las maravillas que creo la naturaleza. Por eso eres igual de importante que todas las maravillas que ves a tu alrededor.

Siéntate en algún lugar cómodo y si quieres adoptar la posición de meditación está bien. Ahora usa tus sentidos y has desaparecer todos los pensamientos de tu mente, recoge los siguientes aspectos de lo que estés mirando:

- Los colores
- Los aromas
- Los sonidos
- Los contrastes
- La calma

Reflexionar sobre todas esas cosas siempre será beneficioso, pero si estas estresado, elegir un lugar que te inspire te ayudara a ser consiente y a sentir toda la belleza. Respira como respiras para meditar, aunque se consiente de todo a tu alrededor y deja que los pensamientos que pasan por tu mente se concentren en tus sentidos, en vez de dejar que se centren en otros tiempo y otros problemas. Déjate llevar.

Paso 16 – Comer Conscientemente

Quizás piensas que hablar de esto sea raro, pero cuando ves cómo la gente vive su vida estos días, te darás cuenta que no hay nada raro. La gente se apura para comer la comida. No dejan que su cuerpo disfrute del sabor y la textura de lo que comen. De hecho, algunos toman el desayuno en el camino por que no tuvieron tiempo de hacerlo en casa. Esto no solo es malo para tu cuerpo, tampoco está ayudando mucho a tu equilibrio. La próxima vez que quieras comer, asegúrate que tienes tiempo para sentarte y disfrutarlo. Si esto significa salir de la oficina e ir a un parque para sentarte a comer tu almuerzo, entonces hazlo.

Mientras saboreas tu comida, se totalmente consiente de lo que comes. Disfruta del sabor y las texturas. Mastica la comida correctamente y tomate tu tiempo para comer. Céntrate en el momento y disfruta de la sensación de la comida caliente o fría en tu lengua. Disfruta el crujir de la comida. Disfruta de la explosión de sabor en tu lengua. El Mindfulness engloba el momento y no va más allá. Por eso, cuando estés comiendo, piensa solo en comer y empieza a sentir como tus sentidos se abren al deleite de la experiencia. Huele los aromas y siente como esa tasa de café caliente pasa por tu boca y calienta tu cuerpo.

Paso 17 – Mindfulness en la Observación

Se nos enseña que es lo que está bien y lo que está mal y casi siempre desarrollamos costumbres sobre cómo comportarnos. Eso es perfectamente normal en una sociedad. Sin embargo, por lo que si nos preocupamos es como es que nos acomodamos a esas ideas y a los ideales de una sociedad. ¿Eres muy gordo? ¿Eres muy flaco? ¿Eres lo suficientemente alto? ¿Eres lo suficientemente lindo? Todo esto afecta tanto nuestra autoestima que la mayoría de la gente se mira al espejo y no está cien por ciento feliz de lo que ve. El

Mindfulness en la observación nos ayudara en esto. La idea es que observes a la gente, y al hacerlo, no los juzgues. Siéntate en un lugar lleno de gente y solo mira a la gente. Observacómo se mueven sus cuerpos. Escucha como se ríen los niños. Este momento te ofrece muchas experiencias valiosas, pero lo que la filosofía Budista incluye es algo que se llama "ver legítimamente". Eso significa que observas sin ningún tipo de prejuicio. Solo eres un desconocido observando, en vez de un crítico.

Lo que te enseña este tipo de observación es aceptación. Te hace capaz de ser más empático. Te permite ponerte en los zapatos de las otras personas y eso es algo muy valioso. Mirar a las expresiones faciales. Entender la forma en la que las personas se comportan y también la forma en la que se relacionan entre sí, pero recuerda dejar los prejuicios fuera de esto. Si eres consciente de los otros, es más probable que interactúes con ellos de una forma positiva. Aparte te ayuda a ver más allá de lo obvio y a ver el mundo con compasión. Ese sentimiento es muy valioso y te hace más humano de lo que serias.

Mindfulness es lo que indica la palabra. Es ser consciente. Es tener en cuenta lo que pasa cuando está pasando y aprender de eso. Para practicar Mindfulness, mira tú forma de pensar y cuando te des cuenta que se va hacia otros tiempos, tienes que saber que si vives el presente dentro de otro tiempo, pierdes la oportunidad de hacer que él AHORA sirva para algo. El pasado ya paso. El mañana todavía no llego. Practica vivir en el ahora. Puede que sea todo lo que tienes.

"Si quieres conquistar la ansiedad de la vida, vive el momento, vive en un suspiro"
~Amit Ray

Capítulo 6 – Meditación Enfocada

A menudo les hablo a mis estudiantes sobre la meditación enfocada porque les sucede que su mente divaga y quieren encontrar un ancla que mantenga su mente calma durante las clases de meditación. Una de las formas de enfocar tu mente es usar el enfoque como parte de tu meditación. Déjame mostrarte como se hace:

Paso 18 – Encuentra un Punto Focal Inspirador

Busca entre las cosas que posees y encuentra algo que te guste mirar. Puede ser una postal de buda o puede ser el efecto mágico que da una vela. Puede ser cualquier cosa, pero tiene que ser algo en lo que sientas que te puedes concentrar por un periodo de tiempo.

Paso 19 – Prepararse para Meditar

Ahora que tienes algo en lo que sabes que te puedes concentrar, ponlo en donde lo puedas verlo de manera que tengas la cabeza derecha, mientras estas sentado en la pose de meditación. Esto puede hacer que tengas que ajustar la posición hasta que esté en el lugar correcto, pero lo vale. El lugar que elijas debe ser uno que no tenga muchas cosas alrededor que te distraigan. Por ejemplo, si entran rayos de luz de la ventana o hay algo que hace sombra, si esto sucede es mejor mirar hacia el lado opuesto así te concentras en tu punto de concentración.

Siéntate en la posición de meditación y comienza a concentrarte en tu respiración como lo harías durante la meditación normalmente.Esta vez se te permite tener los ojos abiertos, pero no debes quitarlos de tu punto de concentración. Este es el centro de tu concentración. Si te distraes de él durante la meditación, vuelve a llevar tus ojos hacia el objeto nuevamente, y comienza con la respiración de nuevo, contando del uno al diez cuando exhalas y luego de diez a uno. Inhalaras, te concentraras en la respiración como hacías antes. La única diferencia es que lo puedes hacer con los ojos abiertos, usando el punto de concentración para ayudarte a volver a la meditación.

Paso 20 – Concentrarte en el canto

Cuando te concentras en el canto, te ayuda bastante porque el canto te permite desplazar los otros pensamientos de tu mente. Sin embargo, vas a tener que aprender a usar el canto. Los pasos de más abajo te ayudaran a concentrarte en el canto, pero también a cantar de la forma correcta. Cuando medites de esta manera, usaras la posición que usas siempre, pero tu concentración estará en el canto, en vez de en tu respiración.

Paso 21 – Aprender a cantar

Piensa en la palabra "Om" ya que este es el mantra universalmente usado para la meditación. Si cantas la palabra "Om" con tus labios abiertos un poco, te darás cuenta que te cosquillea la lengua. Si no sientes ese cosquilleo, inténtalo de nuevo con tus labios posicionados un poco diferente. Inhala como siempre, pero en vez de concentrarte en exhalar, concéntrate en el canto. Entonces, inhala, mantén la respiración por un momento y luego exhala cantando el mantra mientras lo haces.

Paso 22 – Incorporar el canto a tu meditación

Posiciónate para meditar. Dite a ti mismo que vas a meditar para poder acercarte a la apertura de tu entendimiento. Como dije antes, hacer algo para empezar la meditación es útil y te ayuda a enfocarte en la causa. Es este tipo de meditación, puedes posicionar tus manos sobre tu falda – con tu mano dominante debajo y las palmas apuntando hacia arriba. Debes unir los pulgares.

Cuando comiences con la respiración, inhala y siente como el aire entra en tu cuerpo. Mientras mantienes la respiración, comienza a cantar exhalando y concéntrate en el canto. Cuenta hasta uno. Repite lo mismo y cuenta hasta dos y así sucesivamente hasta llegar a diez. Luego vuelve hasta el uno.

Paso 23 – Mejora tu Meditación

Al final de la sesión de meditación, haz una nota mental de lo que sientes que podrías mejorar de tu meditación y luego regístralo en tu diario. Aconsejo a mis estudiante que tengan el diario a mano así pueden llenarlo mientras todavía estas en la pose de meditación.

Piensa en tu sesión de meditación y analiza que cosas sientes que podrías haber hecho para hacer que tu mente no piense en otras cosas. Anota como te sentiste porque es muy importante. A medida que adquieras más experiencia veras cambios en la forma que te sientes y anotarlo te deja ver el progreso que has hecho.

Paso 24 – Prepararte para terminar tu sesión de meditación

En esta etapa, tienes que tomártelo con calma porque tu presión sanguínea esta baja. Tus latidos son más lentos. Tu mente está más lenta y eso es algo bueno. Antes de volver corriendo al mundo real, relájate y disfruta esa sensación de volver a pensar de nuevo. Este puede ser un buen momento para encender una vela. También puede ser un buen momento para sentarse y respirar y contemplar la calma del momento, preparándote gradualmente para levantarte y volver al mundo real.

Es importante que no hagas pasar a tu cuerpo por cambios de ambiente muy rápido. Por eso tómatelo con calma y quizás limpiar y ordenar tu área de meditación sea una actividad no tan cansadora como para volver a la actividad normal.

Los dos métodos de concentración anteriores se centran en una cosa específica. Tú debes decidir entre algo que puedes ver y algo que puedes escuchar. El canto es una buena forma de concentrarse para las personas que tienen una mente muy activa ya que el canto hará que tu mente se concentre lo suficiente como para evitar otros pensamientos. Si decides cantar, quizás puedas mejorar tu canto usando un cuenco tibetano. Este cuenco produce un cierto sonido que puedes usar como el tono para tu canto. Yo encuentro que el uso del cuenco tibetano es muy terapéutico aunque también puedes descubrir que disfrutas el sonido de un gong o una campana y prefieres usar esto antes de tu canto.

Capítulo 7 – Encontrar la paz a través del conocimiento meditativo

Siento que es muy importante que tengas un mejor entendimiento sobre la meditación desde un punto de vista espiritual y este capítulo te dará trabajos que puedes leer que te ayudaran a formar tus ideas sobre la meditación. Cuando lees literatura que te eleva y que está escrita para ayudar a la gente a entender el lado espiritual de la meditación, obtienes un mejor entendimiento de la vida. Tomarse el tiempo para leer y para disfrutar del acercamiento espiritual entre tu cuerpo y mente te ayudara mucho a encontrar la paz. Este libro no solo te sugerirá material de lectura. También cubrirá otras actividades que puedes hacer en conjunto con la meditación para mejorar tus habilidades meditativas.

Paso 25 – Leer Textos inspiradores

Hay muchos textos inspiradores que puedo recomendar para que leas. Kahlil Gibran fue un filósofo particularmente bueno quien escribió un libro llamado "El

Profeta" que toma problemas de la vida cotidiana y explica cómo superarlos. Este es un muy buen libro para la gente que recién comienza con la meditación. Otro libro que recomendaría es La Salud Emocional escrito por Daniel Goleman el que te mostrara los beneficios de vivir una vida espiritual y de mantener tu práctica de la meditación. Muchas personas se entregan a las cosas estresantes de la vida por que no se dan cuenta del impacto que la meditación y el Mindfulness pueden tener en su vida. En ese libro, Expertos en Medicina, psicólogos y científicos que se juntaron con el Dalai Lama para la conferencia sobre Mente y Vida son convencidos que la meditación y el Mindfulness pueden mejorar la salud y el bienestar. Todo está detallado en el libro y los doctores buscan maneras de mejorar las vidas de las personas a través de la práctica de la meditación. Te parecerá inspirador y te ayudara a mantener la rutina de meditación.

Paso 26 – Conocer los beneficios de la Meditación en Movimiento

Habrá momentos en los que necesites la fuerza que te da la meditación, pero estés lejos de tu lugar de meditación. La gente ocupada encontró que la meditación en movimiento es útil para estos momentos. Ahora que aprendiste a respirar correctamente, de la manera en la que se diferencia la meditación en movimiento es que se hace con los ojos abiertos y de pie. Simplemente baja tu cabeza y muevetus brazos hacia tu atrás entrelazando tus manos detrás de tu espalda.

La caminata que haces no es tan importante como la energía que ganas de ella. Por eso, despeja todos los pensamientos de tu mente y concéntrate en tu respiración como harías con otras formas de meditación. Siguecaminando, puedes caminar en círculos si estas en un lugar pequeño. Puedes haber visto a empresarios a los que les gusta caminar para pensar, esto es algo parecido, solo que tú no estás pensando en los problemas del día. En cambio, te concentras en cosas diferentes. Te concentras en la respiración, en el movimiento y ritmo del cuerpo. Te concentras en el movimiento de los pies.

Este tipo de meditación es muy útil y te ayuda a prepararte para momentos difíciles, exámenes o para hablar delante de una audiencia. Te energiza y prepara tu mente para concentrarse fácilmente en la materia en cuestión. Es una gran forma de meditación para hacer antes de una entrevista.

Paso 27 – La conexión Cuerpo-Mente

¿Alguna vez notaste lo bien que trabajan el cuerpo y la mente? Cuando están perfectamente alineados como cuando terminas de meditar, tu vida se vuelve máspacífica. Es más fácil para ti relajarse y te estresas menos. Por eso, si quieres avanzar más, sería una buena idea inscribirte en una clase de yoga porque esto sí que te lleva un paso más adelante. Los movimientos que se hacen durante una clase de yoga también sirven para relajar tu mente y ayuda a hacer esa conexión cuerpo-mente. Hacer yoga y meditación juntas,te ayudara a encontrar paz dentro de tu cuerpo y alimentara tu alma con inspiración. No solo eso, te cruzaras con gente que piensa de la misma forma que ti y también te ayudaran a desarrollartus habilidades.

La meditación de yoga es algo realmente útil y tu maestro te podrá mostrar cómo usar esta meditación en la práctica de yoga para que encuentres el mayor equilibrio en tu vida. Los estiramientos suaves que la gente hace cuando hace yoga los ayuda a cruzar el límite sin lastimarse. También te ayudan a alinear los chakras, que a la vez te hará sentir más sano y consecuentemente más feliz.

Capítulo 8 – La importancia de las decisiones de estilo de vida

Tu estilo de vida juega un papel importante en cuan feliz eres pero puede haber elementos de tu estilo de vida que no consideres importantes para tu estrés. Son importantes y seguir los pasos que están más abajo, hará que mejores el potencial de tu meditación y de la práctica de mindfulness:

Paso 28 – Conocer los beneficios de una dieta variada

Tu cuerpo necesita gasolina. La gasolina en este caso viene en forma de comida. Debes respetar los requerimientos de tu cuerpo de vitaminas y minerales y eso no significa tomar pastillas y esperar que hagan todo el trabajo. Asegúrate de tener una dieta saludable. Evita muchos carbohidratos y mucha grasa mala. Tu cuerpo depende de la comida que comes y comer comidas balanceadas es esencial. También deberías ser consciente de tus hábitos alimenticios y tomarte tu tiempo para comer. Asegúrate de tomar al menos

6 vasos de agua el día ya que esto mantendrá a tu cuerpo hidratado. Esto no incluye al té y el café, ya que estos no le dan los mismos beneficios a tu cuerpo.

Los vegetales y las frutas frescas son esenciales y deberías comer carne que no tenga mucha grasa. Las carnes blancas son bastante buenas ya que proveen proteínas sin tener grasa. Si comienzas a meditar, te darás cuenta que no te darán tantas ganas de comer bocadillos rápidos porque reconocerás las necesidades de tu cuerpo.

Paso 29 – Guarda tus malos hábitos

Todos sabemos que los malos hábitos pueden matarnos. No es una cuestión de si te van a matar. Sino de cuando lo harán. Reduce el consumo de azúcar e intenta reducir la consumición de alcohol y tabaco excesivo porque estos son factores estresantes que empeoraran tu situación. Con tantas cosas para ayudarte hoy en día, seguro encontraras un substituto más sano para esos malos hábitos.

Paso 30 – Desintoxicación

No me había dado cuenta cuanto el cuerpo necesita ser desintoxicado antes de comenzar con la meditación.Necesitas limpiar tu cuerpo de vez en cuando y neutralizar todas las toxinas y no hay mejor forma de hacerlo que tomando te de ortiga. Si compras las hojas de una herboristería y preparas él te en una olla, puedes meterlo en botellas y tomarlo frio durante el transcurso del día. Si te sientes lento, puedes elegir hacer una ayuna intermitente, en la que solo tomaras el té durante 24 horas. No te hará daño y si tienes dudas sobre si funciona, pregúntale a tu doctor.

Paso 31 – Dormir lo suficiente

Parte de la razón por la que la gente no puede meditar es que no puede concentrarse por que están cansados. Debes respetar la necesidad de dormir y relajarse de tu cuerpo. Durante el transcurso del sueño, tu cuerpo libera hormonas que ayudan a tu sistema nervioso y a tus órganos a funcionar correctamente. Puedes sufrir de cansancio y estrés si no respetas las horas de sueño que necesitas. Alguna gente puede vivir con 6 o 7 horas aunque por lo general se debe apuntar a tener ocho horas de sueño. Si ves que no puedes dormir lo suficiente, entonces cambia tus hábitos.

- No comas o bebas después de las 6 de la tarde
- Has algo relajante antes de dormir
- Aprende a no mirar programas de televisión violentos antes de dormir
- Has que tu habitación sea cómoda y acogedora
- Apaga el ordenador y aleja el teléfono

Darte el suficiente tiempo de relajación te ayudara a meditar correctamente. También podrás estar más alerta y podrás enfrentar la vida de mejor manera. Si estás buscando paz interior en tu vida, recuerda que tu cuerpo también la busca.

A pesar que este capítulo contiene mucha información sobre estilo de vida, te sorprenderías de escuchar cuantas personas ignoran sugerencias obvias. Se estresan por que comen las comidas incorrectas, o no toman la cantidad de agua suficiente. No duermen bien y luego se preguntan por qué están cansados. La meditación te ayudara a cuidarte de una manera más efectiva y todo comienza con tu estilo de vida. Anota tus malos hábitos e intenta hacer algo para que tu cuerpo y mente la tengan más fácil.

Capítulo 9 – Añadir inspiración a tu vida

Agregué este capítulo porque te ayudara en la práctica de la meditación y agregara una nueva dimensión a tu vida. Si eres el tipo de persona que no se ejercita lo suficiente, entonces esto también te ayudara. No necesitas inscribirte en un gimnasio o hacer ejercicios que te estresen ya que tu vida es lo suficientemente estresante. Sin embargo, tienes que mantener activo a tu cuerpo para poder estar en condiciones óptimas y permitirte disfrutar de los beneficios de la movilidad y el aire fresco. Los próximos pasos te ayudaran a abastecer las necesidades de ejercicio de tu cuerpo y también te darán inspiración lo que ayudara a concentrarte cuando meditas.

Paso 32 – Hacer caminatas inspiradoras

Ya sea que saques al perro a pasear o solo salgas a tomar aire, puedes practicar mindfulness cuando caminas. Observa – pero no juzgues. Mira las cosas que vengan hacia ti. Observa cómo se forman los brotes en los árboles. Observa las flores en el parque o jardín. Mira cómo se alimentan los pájaros o simplemente escucha la risa de los niños en el parque.Cuando caminas, ayudas a tu postura y eso es maravilloso para la meditación pero también alimentas tu alma con inspiración.

Notaras que las caminatas inspiradoras te harán sentir más cercano a la naturaleza y la naturaleza es un sanador muy potente. Por eso, si ere alguien que sufre de estrés pero busca paz, una caminata por el bosque te acercara más de lo que imaginas.

Paso 33 – Anotar tus pensamientos

Este es otro paso inspirador que puedes hacer. Si tienes un diario, plasmarlos en el papel puede ayudarte a sacarlos de tu mente. Aunque tus problemas sean vastos, compartirlos puede ayudar y compartirlos con un diario puede ser algo bueno porque no tienes que preocuparte por lo que otra persona piense. Cuando escribes tus pensamientos, cierra el diario y deja que tu mente trabaje sobre los problemas por sí sola, sin que tu hagas nada. La meditación te ayuda a encontrar soluciones sin siquiera intentarlo y también te ayuda a ganar inspiración.

Paso 34 – Ser Creativo

Desde que comenzaron con la meditación, muchos estudiantes se dieron cuenta que su lado creativo se potencia. Este lado creativo siempre lo dejamos al fondo de nuestra mente porque tenemos cosas más importantes que hacer, pero ese es un error gigante. La cantidad de inspiración que puede ser obtenida de las actividades creativas no debe ser subestimada. Por ejemplo, ¿Has querido pintar un cuadro desde siempre? ¿Qué te detiene? No importa lo bueno que seas en las cosas creativas. Lo que importa es que te des tiempo para ser creativo.

En tu mundo de trabajo, quizás se te acabaron las ideas porque dejaste de crear. Apagaste esa parte de tu mente que quiere explorar la creatividad, a cambio de resolución de problemas o responsabilidades. La creatividad es algo sumamente importante para todos ya sea que te guste tejer una bufanda muy cutre o hacer una estatua de arcilla, si puedes encontrar lugar para estas cosas en tu vida, esto te ayudara en el camino hacia la paz también.

Conclusión

Durante el transcurso de este libro, explique cómo meditar y se discutieron varios métodos. Es importante saber que el estilo de vida, la dieta y el comportamiento habitual son parte de la vida cotidiana y pueden presentar la misma cantidad de problemas que la angustia mental. Si tu cuerpo no recibe el cuidado que necesita, eventualmente se queja y en vez de sumarle esto a tus niveles de estrés, meditar te ayudara a resolver ese problema. Cuando eres más consiente de la conexión entre tu cuerpo y mente, tiendes a cuidar todos los otros aspectos de tu vida.

Vuelve a leer el libro y avanza por los 34 pasos hacia la paz porque si los sigues, no hay razón por la que no encuentre la paz. La meditación te ayuda a recuperar el balance en tu vida. Quizás pienses que meditar es no hacer nada, pero es muy útil y si bien tu mente esta en otro lado, detrás de escena, tu cuerpo continua sanando.

Aprendes a dominarte a ti mismo. Aprendes el significado más profundo de la vida y eres capaz de obtener el tipo de paz que quizás buscaste toda tu vida. Dejar que el inconsciente salga a jugar es algo muy sabio ya que esto no demanda de la charla constante a la que lo exponemos. Si te falta sueño, entonces quizás no obtienes el sueño REM que tu subconsciente necesita y eso es importante. La meditación te ayuda a recuperarlo.

Cuando hayas meditado correctamente, lo sentirás. Sentirás que tienes energía extra, que resuelves problemas de una nueva manera que es más eficiente y que estas más calmado en general. La paz que obtienes de la meditación es una que dura mucho, siempre que sigas meditando y hagas de la meditación una parte de tu vida cotidiana.

El Mindfulness, en cambio, es algo que puedes hacer conscientemente para que toda experiencia en tu vida sea más rica. Comenzaras a saborear tu comida. Comenzaras a apreciar a la gente a tu alrededor y los juzgaras menos. También aprenderás cuál es tu lugar en la vida y cómo encaja alrededor de esa gente.

Aprenderás a ser más comprensivo y entablaras relaciones más sanas porque tendrás más paciencia y tendrás más energía para invertir en las relaciones.

Si bien sería tonto pretender que tengo todas las respuestas para los problemas de tu vida, la meditación es algo más grande que yo.Se ha practicado desde antes de Cristo y lo que Siddhartha descubrió hace tanto tiempo es que los humanos son infelices por sus propios medios y son responsables de su propio sufrimiento. Si viven dentro de las guías establecidas que no son nada restrictivas en su naturaleza, también aprender a reducir su propio sufrimiento. Las formas de los Budistas están basadas en los principios de Siddhartha Gautama y son principios muy simples de seguir. Abarcan la forma en la que te relacionas con otros, la forma en la que te comportas y la forma en la que avanzas en tu vida.

Lo que tienes que entender por sobre todo es que tu felicidad recae firmemente en tus propias manos y que la meditación es el vehículo para capturar esa felicidad.

Cuando lo incluyes en tu vida, no miraras hacia atrás. No te arrepientes. Lo que los Budistas buscan es esa perfecta armonía y balance en la vida que representa la iluminación. Si puedes superar todos los pasos que están en este libro, no hay razón por la que esta no puede ser tu meta. Cada vez que meditas y cada vez que te detienes en tu vida, estas maximizando el potencial de ese momento que das al AHORA.